ANSELM GRÜN
WILLIGIS JÄGER

Das Geheimnis jenseits aller Wege

Bibliographische Information der Deutschen Nationalbibliothek
Die Deutsche Nationalbibliothek verzeichnet diese Publikation in der Deutschen Nationalbibliographie. Detaillierte bibliographische Daten sind im Internet über http://dnb.d-nb.de abrufbar.

FSC
www.fsc.org
MIX
Papier aus verantwortungsvollen Quellen
FSC® C014889

1. Auflage 2013

Mit freundlicher Genehmigung wurden Texte von P. Willigis Jäger aus seinem Buch »Jenseits von Gott« übernommen.

Umschlagfoto: Dirk Nitschke, www.zudem.de
Druck und Bindung: Friedrich Pustet KG, Regensburg
ISBN 978-3-89680-842-4

www.vier-tuerme-verlag.de

ANSELM GRÜN • WILLIGIS JÄGER

Das Geheimnis jenseits aller Wege

Was uns eint, was uns trennt

Herausgegeben von
WINFRIED NONHOFF

Vier-Türme-Verlag

Zum Geleit

Es ist keine Selbstverständlichkeit, dass zwei der bekanntesten spirituellen Autoren im deutschsprachigen Raum sich darauf einlassen, in aller Öffentlichkeit in einen Dialog über die großen Glaubensfragen einzutreten. Tatsächlich ist dieses Buch das Dokument eines Miteinanders auf Augenhöhe, wie es auch der von der Deutschen Bischofskonferenz angestoßene Dialogprozess vorsieht. Es ist geprägt von den je eigenen Erfahrungen der beiden Autoren, von ihren gewachsenen Überzeugungen und vom gegenseitigen Respekt vor dem Lebens- und Glaubensweg des anderen. Und dass beide Autoren »im Originalton« zu lesen sind, dass also ihre Texte von ihrem je eigenen Stil im Denken und Schreiben geprägt sind, bereichert das Miteinander in ganz besonderer Weise.

Möglich wurde dies alles durch das Zusammentreffen vieler Faktoren: Zum einen sind Pater Willigis Jäger und Pater Anselm Grün einander eben nicht nur als Kollegen verbunden, sondern haben eine gemeinsame Geschichte. Sie kennen sich fast ein Leben lang, vom frühen Zusammentreffen als Lehrer und Schüler bis hin zum Zusammenleben als Mönche in der Klostergemeinschaft der Benediktinerabtei Münsterschwarzach. Sie haben also weite Strecken ihres Glaubensweges gemeinsam zurückgelegt. P. Anselm ist bis heute fest in der klösterlichen Gemeinschaft der Abtei Münsterschwarzach eingewurzelt; er wirkt dort als Priester, geistlicher Begleiter, als Kursleiter und als Cellerar, als wirtschaftlicher Leiter. P. Willigis hat der Weg aus dem engsten Umkreis des Klosters hinausgeführt. Im Zusammenwirken von Römischer Glaubenskongregation, Abtei und Bistum wurde vor mehr als zehn Jahren eine gemeinsame Lösung gefunden, die es ihm ermöglichte, trotz seiner Beurlaubung und seines neuen Wirkungskreises im »Zentrum für spirituelle Wege«, dem Benediktushof, Mitbruder der Abtei zu bleiben.

Ich selbst war ein naher Zeuge und Beteiligter, da ich in Würzburg Hausleiter im Haus St. Benedikt war. Die Konflikte, die damals aufbrachen, waren für mich sehr schmerzhaft, und ich habe versucht, Wege der Verständigung zu finden, um einen Bruch zu vermeiden. Leider war das nicht in der erhofften Weise möglich, und so kam es zu einer schmerzlichen Trennung.

Dennoch habe ich bis heute persönliche Kontakte zu P. Willigis unterhalten, auch mit Wissen und Zustimmung des damaligen Abtes Fidelis Ruppert und seines Nachfolgers Abt Michael Reepen. Wir haben uns stets dafür eingesetzt, die gemeinsame Basis lebendig zu erhalten und zu pflegen. Oder anders, einfacher und kürzer gesagt: Auch wenn die Positionen von P. Willigis in zentralen Punkten nicht mit der kirchlichen Überlieferung vereinbar sind, ist man miteinander im Gespräch geblieben. Und »Gespräch« meint nicht einfach nur das Reden, sondern das gemeinsame Mühen um wirkliche Glaubensvertiefung. So ist dieses Buch auch ein Zeugnis für die Weite und Offenheit des niemals endenden innerklösterlichen Gesprächs – auch in herausfordernden und schmerzhaften Situationen.

Möglich wurde dieses Buch aber auch durch die behutsame Arbeit des Herausgebers, Winfried Nonhoff, der beide Autoren seit vielen Jahren gut kennt und es verstanden hat, die Gesprächsfäden immer wieder zusammenzuführen. Er hat in vielen Begegnungen mit den Autoren die Grundlagen für dieses Buch gelegt und es bis zur Drucklegung mit großer Sorgfalt begleitet.

Im Vier-Türme-Verlag, den ich seit einigen Jahren leite, wurde früh erkannt, wie wichtig es ist, P. Willigis und P. Anselm als Autoren zusammenzubringen. Es ging um die Publikation von

Positionsbestimmungen und Anfragen – um den Versuch, auf einer argumentativen Ebene den Vergleich unterschiedlicher Standorte zu ermöglichen.

Dieses Buch wird seine Leserinnen und Leser finden. P. Willigis und P. Anselm sind für viele Menschen zu geistlichen Begleitern geworden. Der Austausch dieser beiden Männer über die großen Lebens- und Glaubensfragen wird viele Menschen bereichern und zu weiteren Fragen anregen. Als Verlagsleiter freue ich mich, diesem Buch ein Geleitwort mit auf den Weg zu geben. Es wird hoffentlich eine hilfreiche Grundlage für das weitere Gespräch an vielen Orten sein.

BR. LINUS EIBICHT OSB
Verlagsleiter

Inhalt

Das Geheimnis bleibt ...
Einführung

WINFRIED NONHOFF

Eine Erinnerung

Ich stehe an der Steilküste im Norden Teneriffas. Dunkles Vulkangestein aus Urzeiten baut sich viele Meter hoch überm Meer auf. Schwere Wellen werfen sich gegen die bizarr geformten Steinwände. Gischt hängt in der Luft. Kommen und Gehen. Schwerer Gesang des Atlantiks – Jahrhunderte, Jahrtausende, Jahrmillionen. Das Brausen der Wogen, ihr unentwegtes Rollen. Immer wieder kehren die Brecher zurück ins bewegte, flächige Meeresreservoir. Die Augen verfolgen eine bestimmte Schaumkrone, ein Stück weit gelingt es, sie zu fixieren, doch bald wird auch sie ein unsichtbarer Teil der großen, heftigen, lebenden Fläche ...

Welche Faszination! Immer wieder und stundenlang setze ich mich diesem Treiben aus. Körperlich spüre ich den Besitzanspruch des Urelements. Bis, ja, bis es zu viel wird. Die Faszination kann umschlagen in Sorge um den eigenen Stand, in Angst vor der Urflut, in den Rückzugswunsch ins Sanftere, Geschütztere, ins Hinterland.

Wenige Kilometer hinter der Küste ein kleiner Ort mit geduckter, weiß gekalkter Kapelle – einst Mittelpunkt eines Fischerdörfchens. Einsam, die Tür ist geöffnet, dunkles Holz, mattes

Gold der Altarwand, die rettende Hand der Madonna über Schiffen, die dem Meer trotzen. Gut hier zu sein, gut dort am Meer gewesen zu sein: der Unendlichkeit des lebenden Elements standzuhalten und dann und wann das schützende Kleine, das bergende Bild, die sanfte Nähe einer Erzählung zu fühlen. Beides scheint mir wesentlich. Vielleicht bald wieder die ewig strömende Welle, um dann den Halt konkreter, menschlicher, schützender Bebautheit zu suchen.

Was suchen wir?

Die skizzierte Erfahrung lag zeitlich nahe bei der Vollendung dieses Buches. Was mich früher schon am Atlantik in den Bann zog, was an Freiheit und Geworfenheit mich schüttelte, wurde jetzt zum Bild der großen Suche, die dieses Buch umtreibt. Und wer kennt die Extreme dieser Suche nicht! Da gibt es Zeiten, in denen wir unser inneres Leben am ehesten verstehen, wenn wir ins Unendliche streben, uns als Teil des einen großen Lebensstromes erfahren, wenn wir das Versprechen unseres Lebens erfüllt sehen im Aufgeben unserer Besonderheiten, unserer Eigenwilligkeiten, ja vielleicht unserer allzu egozentrischen Abgesondertheit. Die Erhabenheit der Natur, des Meeres eben oder vielleicht auch der Berge, wird uns zum Spiegel unserer spirituellen Wanderungen, Einsichten, Erfahrungen und auch Erkenntnisse.

Dann aber rührt uns die teilnehmende Betrachtung von Menschen in einer Wallfahrtskirche an, die plötzliche Präsenz eines Gebets, die schützende Inanspruchnahme des von der Mutter einst geschenkten, schon lange in der Familie bewahrten Rosenkranzes. Trotz aller beklemmenden Bewusstheit von missbräuchlicher Religiosität kehrt unsere spirituelle Wanderung ein in einer Herberge aus Worten, Bildern, Bräuchen und Gesten.

Das sind wahrscheinlich übertrieben profilierte Haltungen. Doch zwischen ihnen spielen sich reichlich gemischt unser geistiges Reifen ab, unser lebenslanges Bedürfnis nach innerer Beruhigung, unsere Versuche, mehr oder weniger geschickt, mehr oder weniger übend, mehr oder weniger streng ein Mensch zu werden: in Offenheit, in Weite, ja auch in Bewunderung des ausgespannten Himmels, des tosenden Meeres, der Gewalt der Berge, aber auch der bebilderten Schönheit eines Tempels, der zu Tränen rührenden Segensgebärde der Madonna.

- Sollen oder müssen solche Spannungen aufgelöst werden?
- Folgen wir allgemein gültigen Stufen geistig-spiritueller Reifung und Entwicklung?
- Ist die eine spirituelle Haltung als erwachsen, die andere als kindlich oder gar als zurückgeblieben einzuschätzen?
- Stehen überkommene und vertraute religiöse Konzeptionen, weil sie sich wissenschaftlichen Erkenntnissen entziehen, in der Gefahr, uns auf entfremdende Projektionen festzulegen?
- Sind die Formungen des Religiösen in der Geschichte nur Brücken ins Weite und Leere, die wir im Überschreiten hinter uns lassen?
- Ist das geheimnisvoll-offene Erfahren der uns verbindenden »Urflut« das einzige Haus des göttlichen Lebens?
- Gibt es einen qualitativen Sprung in der christlichen Glaubensentscheidung?

Wir leben in Zeiten, wo nach schweren Kämpfen und nach entsetzlichen Verfolgungen und persönlichen Verunglimpfungen, die bis in die Gegenwart reichen, zumindest in unseren Breiten ein jeder und eine jede ihr geistiges, ihr spirituelles, ihr religiöses Konzept weitgehend selbst bestimmen können. Die individuellen Mischungen aus befreienden Durchbrüchen und zustimmender Beheimatung in einer geschichtlich gewachsenen Tradition machen uns interessant. Sie im Gespräch aufzudecken, gehört zum Aufregendsten und Schönsten, was sich Menschen zutrauen können. Wir sind funkelnde Schatzkammern des einen, unendlichen Geheimnisses. Und daran sind Religionen und Kirchen zu messen, auch unser eigenes Profilieren: Sind sie, sind wir Edelsteine im funkelnden Licht der Transzendenz? Lassen religiöse Institutionen zu, dass durch uns – gebrochen durch unseren einmaligen »Schliff«, gleichsam hochkarätig – das Licht, das in die Welt kommt, funkelt?

Zwei Brüder, zwei Edelsteine, zwei Erfahrene – und wir

Eine Freude war das, als es gelang, Willigis Jäger und Anselm Grün dafür zu interessieren, in ein- und demselben Buch Zeugnis für ihre über Jahre gereifte spirituelle Lebenssicht abzulegen. Zwei tatsächlich sehr unterschiedlich ausgeschmückte Schatzkammern. Zwei in ihrer Individualität jeweils weithin bekannte Lehrer, Begleiter und Seelsorger. Vereinfacht formuliert: der eine wesentlich vom Zen, der andere von der Tiefenpsychologie geprägt, beide Liebhaber der Mystik. Zwei erfahrene Autoren und Meister des gesprochenen Wortes. Männer, deren geistige Präsenz vielen bedeutsam ist. Zwei Brüder, die bis heute beide Angehörige eines der großen Mönchsorden des Abendlandes, der Benediktiner, sind, die noch dazu beide in der unterfränkischen Abtei Münsterschwarzach geformt wurden.

Und das ist das Einzigartige: Wie man – voll Staunen vor solchen Phänomenen – in dem gleichen familiären Mutterboden die unterschiedlichsten Pflanzen wachsen, reifen und Früchte bringen sieht, so begegnen wir in Willigis Jäger und Anselm Grün auch zwei »Gewächsen«, die zwar ähnlichen Boden kennen, deren Wege sich immer wieder kreuzten, die keiner Gleichmacherei sich unterwarfen, die aber – dem großen Geheimnis überantwortet – ihrem Leben sehr unterschiedliche Muster und Zierden gaben. Besser: Ihnen wurden wirklich individuelle Wege geschenkt, die gerade deswegen auch uns locken, faszinieren und zur Entscheidung rufen.

Wichtig bei solcher Wahrnehmung ist nur eines: Alle stehen wir vor dem großen Leben, vor dem unendlichen Geheimnis, das sich in uns ausspricht. Werden wir dem damit gegebenen Auftrag in unserem Lebensprofil, in der Ausgestaltung unserer Schatzkammern gerecht?

Zwar können andere in uns wüste Gesteinsbrocken deponieren, manchmal auch Edelsteine ablegen. Für deren Schliff, für die Bergung ganz neuer Juwelen, für die Pflege, das heißt auch fürs Reinigen und Aussortieren, sind wir aber selbst verantwortlich.

Was Willigis Jäger und was Anselm Grün denken, können Sie im Folgenden selbst entdecken. Dass ein solches Buch wesensgemäß nur Ausschnitte bedachten, gelebten, meditierten Lebens präsentieren kann, versteht sich. Vielleicht machen Sie diese Auskünfte ja auch neugierig, andere schriftliche Äußerungen der beiden zu studieren. Vielleicht ergreifen Sie auch die Chance, den beiden zu begegnen – in ihren Vorträgen, Kursen, in ihren jeweiligen, aus weit mehr als aus Steinen bestehenden Behausungen. Willigis Jäger gründete den Benediktushof, ein Zentrum für spirituelle Wege in der Nähe von Würzburg, wo er auch lebt (*www.west-oestliche-weisheit.de/willigis-jaeger.html*). Und Anselm Grün wirkt über die Abtei Münsterschwarzach, deren Cellerar er über viele Jahre war, weit in alle Lande (*www.anselm-gruen.de*; *www.abtei-muensterschwarzach.de*).

Wie entstand dieses Buch?

Nachdem Willgis Jäger und Anselm Grün dem Wunsch nach einem gemeinsamen Buch zugestimmt hatten, entwarf ich einen Horizont von Fragen und Themenkreisen, um die die Auskünfte der beiden kreisen könnten. Auch das stieß auf Gefallen. Klar war – und das ist der Reiz dieses Buches wie jedes fruchtbaren Austauschs –, dass die volle Individualität der beiden unbedingt zum Zuge kommen sollte und musste. Weder wurde erwartet, dass sie zwanghaft die vereinbarten Fragen vollständig und gleich proportional beantworteten, noch schien es reizvoll, die sprachliche Gestaltung einem spröden Vereinheitlichungsdruck zu unterwerfen. Ich kann es nur wiederholen: Was für eindrucksvolle Individuen sind wir Menschen! Individuen, die Staunen und Bewunderung, ja durchaus auch Verwunderung bis hin zum Kopfschütteln hervorrufen! Und was mich besonders freut: Je spiritueller, ja auch religiöser und frömmer wir werden – vorausgesetzt, wir genießen die *Freiheit* der Hingabe und der Eigengestaltung –, desto kantiger, desto kenntlicher könnten wir werden. Ist das nicht das ganz besondere Geschenk eines wahrhaft spirituellen Lebensentwurfs? Da liegen keine genormten Schrauben, die in vordefinierte Muttern gedreht werden könnten, in passgenau gefertigten Schubladen. Selbst wenn Mönche den gleichen Habit tragen, verbirgt sich darunter eine profilierte, das Leben höchst individuell meisternde Persönlichkeit.

Diese Skizze des Entstehungsvorgangs und dann die Realisierung dieses Buches enthüllen also mehr als nur eine editorische Absicht und deren Umsetzung. Ich sehe darin einen eindrucksvollen Beitrag zu einem spirituellen, geschwisterlichen Dialog.

Der gemeinsame Horizont

Ich möchte Ihnen den angesprochenen Themen- und Fragenhorizont, der beiden Autoren vorgelegt wurde, nicht vorenthalten. Nicht, weil er so entscheidend für das Verständnis dieses Buches wäre. Sondern weil er vielleicht für Gespräche interessant werden kann, die Sie mit anderen, nach dem Weg tastenden Schatzgräbern auf der spirituellen Suche führen. Auch mir selbst dient er zur Vergewisserung des Standorts, des vielleicht nötigen Aufbruchs, des durchaus von Zeit zu Zeit ratsamen Innehaltens und der pausierenden Rückkehr. Und noch einmal: Das Interessante sind nicht die von vornherein erwartbaren Antworten oder gar Gesprächsergebnisse, an die von irgendeiner Stelle die vordefinierte Messlatte gelegt wird. Ertragreich wird ein Austausch, wenn in Respekt, ja auch in Bewunderung nachgefragt, gemeinsam weitergedacht – und auch gelobt wird. Spirituelles Leben ist dann und wann anstrengend. Wenn man Wegstrecken – individuell leuchtend – geschafft hat, dann sind Verschnaufen, Preisen und Lächeln angesagt. Ja, siehe, es ist gut!

Dass bei allem Preisgesang auf spirituelle Individualität auch nachgedacht werden muss, wie eine gemeinsame Sprache gefunden, wie Erfahrungen ausgetauscht, wie stimmige Gesten erkannt und gemeinschaftliches Schweigen, Singen und Beten gepflegt werden können, sei kraftvoll angemerkt. Und dass spirituelle Erfahrungen und Grundentscheidungen in Folge auch in fremdes Land, in andere Sprachwelten und dann und wann zu Konfrontationen führen können, zeigt dieses Buch auch.

Worum also – so der Startschuss für dieses Buch – sollten die Selbstauskünfte von Willigis Jäger und Anselm Grün in etwa kreisen?

- Sehe ich Spuren des Göttlichen in meinem Leben?
- Fühle ich mich gerufen und berufen?
- Wo liegen meine Kraftquellen?
- Wie verstehe ich meine spirituelle Mission und Rolle?
- Meine Beziehung zu Christus?
- Meine Sicht von Gott?
- Das Verhältnis von spirituellem Weg und Übung und Askese?
- Wie verhalten sich Spezialisten-Spiritualität und Alltags- bzw. Volks-Spiritualität zueinander?
- Wie vollzieht sich die Begegnung mit anderen spirituellen Wegen und Traditionen? Mein Umgang mit ihrer Einheit und Unterschiedlichkeit?
- Was bedeuten für mich Weltflucht, Demut, Gehorsam und Armut?
- Wo haben Individualität und Gemeinschaftlichkeit in der spirituellen Praxis ihren Platz?
- Gibt es eine Bibelstelle, die mich besonders begleitet?
- Ist unsere Heimat der Himmel?
- Mein persönliches Bekenntnis?

Nicht nur haben Willigis Jäger und Anselm Grün authentisch Zeugnis abgelegt von der Vieldimensionalität der Wahrheit, einer Wahrheit, die sich im Leben wandelt, die Wege im Labyrinth des Lebens ausleuchtet. Sie haben am Ende des Buches auch mit wachem Blick auf den Dialogpartner Fragen, alternative Positionen, Widerspruch und weiter zu Bedenkendes formuliert. Das Gespräch muss also weitergehen. Das Geheimnis bleibt.

Wo aber stehen *wir* als Suchende? Interessant wäre ein Experiment: Nicht nur die Autoren dieses Buches stellen sich nebeneinander und probieren gemeinsam eine bestimmte Blickrichtung und Körperhaltung, die ihrer Sehnsucht nach Erkenntnis Ausdruck geben. Auch wir als Leserinnen und Leser gesellen uns dazu. Richten wir uns alle in gleicher Weise aus? Blicken wir in völlig verschiedene Richtungen, gar Himmels-Richtungen? Entspräche uns eher ein Sich-im-Kreis-Drehen? Richten wir uns nach innen aus, nach oben, nach unten – oder mal dahin und mal dorthin …? Vielleicht auch treffen sich unsere Augen. Halten wir dem Blick Stand oder weichen wir aus? Dann und wann wären sicher geschlossene Augen angebracht …

Was bleibt? Die Wahrheit verschiedener Wege, die im Leben in sehr entschiedenen Richtungswechseln greifbar wird. Manchmal auch der Schmerz, Unterschiede auszuhalten. Der Respekt vor gelebtem Leben. Das achtungsvolle und achtsame Nach- und Weiterfragen. Die ahnende Liebe zum größeren Ganzen, zum bleibenden Geheimnis jenseits aller Wege sicherlich.

Wir sind von der Mitte her geführt

WILLIGIS JÄGER

Mein Lebensweg

Ich erinnere mich noch deutlich an ein Erlebnis in meiner Heimatkirche. Ich ging damals noch nicht zur Schule. Meine Mutter hatte mich in die Kirche mitgenommen. Am Altar brannten Kerzen, Weihrauchschwaden zogen durch die Luft, eintönig beteten die Frauen den Rosenkranz. Da hob es mich aus der personalen und rationalen Eingrenzung heraus. Ich wusste nicht, was mir geschah. Heute weiß ich, dass ich damals zum ersten Mal aus der Ich-Eingrenzung heraustrat in eine Ebene, die eine andere Wirklichkeit kennt: eine Ebene, die das Personale übersteigt. Ich wusste nicht, mit wem ich darüber hätte sprechen können; mir fehlten die Worte.

In der Schule lernten wir mathematische Formeln – wie den Satz des Pythagoras: »Das Quadrat über der Hypotenuse ...« Heute weiß ich, dass Pythagoras ein Erfahrener war, der aus der Ich-Eingrenzung heraustrat. Damals wie heute war die Mystik mit einem Tabu belegt, auch in der Kirche. Tabu ist ein polynesisches Wort für das Heilige, für heilige Orte, die nicht jedermann zugänglich sind. Der Arkan-Disziplin der Mysterien-Religionen zufolge durften Erkenntnisse und Orte nicht jedermann vermittelt werden. Man schwieg besser über tiefe Erfahrungen, da andere Menschen sonst dachten, man sei nicht »normal«.

So erging es zum Beispiel Romain Rolland, einem Freund von Sigmund Freud. Freud konnte mit den mystischen Erfahrungen seines Freundes nichts anfangen. Er hatte in seinem wissenschaftlichen System keinen Platz, wo er das Transpersonale hätte einordnen können. Er habe in sich hineingeschaut, sagte er, habe aber nichts Derartiges gefunden. Für Carl Gustav Jung war das anders. Er schreibt:

Religiöse Erfahrung ist absolut. Man kann darüber nicht diskutieren. ... derjenige, der diese Erfahrung hat, besitzt einen Schatz, der ihm zu einer Quelle von Leben und Schönheit wurde.

Vor einigen Jahren las ich noch einmal die Tagebücher meiner Jugendzeit, bevor ich sie endgültig verbrannte. Es waren nicht einfach nur Aufzeichnungen, sondern Gespräche mit dieser transpersonalen Gottesvorstellung: Zeugnisse absoluter Hingabe. Diese Jahre meines Lebens, im Alter zwischen sechzehn und siebzehn Jahren, waren für mich eine tief religiöse Zeit. Was ich unter Gott verstand, war nicht irgendwo in einem Himmel: Es war das Leben, das sich im Hier und Jetzt vollzog.

Es gibt keinen Tod.
Sterben ist die Rückkehr in unser wahres Wesen,
dem wir entstiegen sind.

Die Zeit des Nationalsozialismus

Mein Vater war ein Gegner des Nazi-Regimes. Auch ich arbeitete immer wieder gegen die Nazis. Als man mich 1941 bat, die Hirtenbriefe der Bischöfe auszufahren, da sie mit der Post nicht verschickt werden durften, fuhr ich mit dem Fahrrad von Dekanat zu Dekanat und überbrachte die Briefe, die dann am Sonntag verlesen wurden.

1943 wurde die Abtei Münsterschwarzach aufgehoben, und ich arbeitete als fünfzehnjähriger Schüler eine ganze Nacht lang in deren Kolleg in Würzburg, kuvertierte und verschickte Briefe an die Wohltäter, damit sie kein Geld mehr schickten.

Ich bin nur ein Wimpernschlag
in einem zeitlosen Universum.

Als Siebzehnjähriger wurde ich zum Arbeitsdienst eingezogen. Ich war sehr sportlich und wurde Sieger im Zehntausend-Meter-Lauf. Man stellte mich daraufhin dem Leiter des Lagers vor. Freundlich fragte er mich, was ich einmal werden möchte. Doch als ich ihm antwortete, ich wolle Theologie studieren, veränderte sich sein Gesichtsausdruck, und ich wurde von da an nie mehr befördert.

Mein Leben als Soldat

Im Januar 1944 wurde ich zur Luftwaffe eingezogen. Bevor ich abreiste, traf ich mich ein letztes Mal mit meinem älteren Bruder Josef, der auch Theologie studieren wollte. Er war bereits seit fünf Jahren beim Militär und etliche Male verwundet worden. Als wir uns am Bahnhof verabschiedeten, drehte er sich noch einmal um und sagte: »Es ist unwahrscheinlich, dass wir beide aus dem Krieg zurückkommen – besser, du kommst zurück.« Erst viel später begriff ich, was er damit gemeint hatte.

Unter den vierhundertzwanzig Soldaten meines Bataillons wurden fünfzehn junge Männer ausgesucht, um zum Flugzeugführer ausgebildet zu werden. Ich war einer von ihnen und kam für drei Monate auf eine Segelflugschule nach Dänemark. Dort war vom Krieg nichts zu spüren. Die Dänen brachten uns Wurst und Schinken und wollten Zigaretten dafür haben. Da ich nicht rauchte und meine Zigaretten eintauschen konnte, überstand ich gut diese karge Zeit. Mit dem Segelflugschein in der Tasche kam ich auf die Motorschule bei Straubing in Bayern. Zwanzig Starts und Landungen mit dem Fluglehrer mussten genügen, um dann allein aufzusteigen.

Bereits beim achtzehnten Start flog ich alleine. Dann gab es eine kurze Einweisung vom Lehrer für eine Kunstflugübung: Rollen, Kehrtkurven, Loopings. Ich hatte Angst, musste aber allein fliegen. Also schnallte ich meinen Fallschirm fester, bereit abzuspringen, wenn ich die Übungen nicht schaffte. Aber es gelang, und ich landete: unversehrt und stolz.

Am 21. März wurde ich zum Fronteinsatz abkommandiert, weil es für unsere Flugzeuge kein Benzin mehr gab. Mein Bruder Josef und ich hatten uns oft geschrieben. Nach einer Nachtwache suchte ich seine Briefe, die in meinem Rucksack im Keller lagen, konnte sie aber nicht finden und kam deshalb als Letzter in der neuen Stellung an. Dort gab es keinen Platz mehr für mich, und ich musste zurück zum Kompanietrupp. Dieser Zwischenfall rettete mir das Leben. Nach ein paar Stunden Schlaf wurde ich mit den Worten aufgeweckt: »Vorne an der Front sind alle tot! Die Russen haben mit Granatwerfern jedes Schützenloch beschossen und alle getötet.« Alle Kameraden, gut ausgebildete junge Männer, die einmal Flugzeugführer werden sollten, waren tot.

Ich selbst wurde später durch einen Lungenschuss verwundet, als ich einen verletzten Kameraden bergen wollte. Das war wiederum mein Glück. Man hat mich auf einem blanken Schultisch operiert; ich wurde zurück ins Salzburger Land verlegt und entkam so den Russen.

Ein Ereignis werde ich nie vergessen. Ich wurde aus dem Güterwagen herausgeholt, der uns Verwundete in die Nähe von Salzburg gebracht hatte. Auf dem Weg ins Lazarett lief ein Soldat ohne Koppel und Waffe hinter uns her. Als ich ihn nach seiner Einheit fragte, gab er kurz zur Antwort: »Scheißeinheit, der Krieg ist aus.« Ich konnte es kaum fassen. Sechs Jahre Krieg und plötzlich das Ende. Wie würde das Leben jetzt weitergehen?

Als ich bei meiner Entlassung einem amerikanischen Offizier mein theologisches Vorhaben mitteilte, nahm er mich am nächsten Tag mit nach Würzburg. Die Stadt war restlos zerstört. Kein Haus stand mehr. Ein Güterzug brachte mich nach Hösbach in mein Elternhaus. Wochenlang hatte ich nichts von meinen Eltern gehört. Umso größer war unsere Wiedersehensfreude.

Meine Berufung zum Priester

Nach wie vor fühlte ich mich zum Priesterberuf berufen. Zwar hatte ich im Krieg eine junge Frau kennengelernt, mit der ich lange korrespondierte. Doch wir trennten uns schweren Herzens. Ich ging ins Kloster, sie heiratete und bekam drei Kinder, starb aber bei der Geburt des dritten Kindes, wie mir ihr Mann später mitteilte.

Der Zölibat ist kein leichter Lebensweg. Er macht zwar frei für viele Aufgaben, die man in der Partnerschaft nur schwer ausüben kann. Doch auch eine Partnerschaft ist eine Bereicherung und Befruchtung des Lebens, vor allem, wenn beide Menschen den spirituellen Weg gehen. Jedenfalls konnte ich das bei vielen Paaren erleben. Natürlich bleiben auch sie nicht unbehelligt von Krisen. Für viele brachte die Krise jedoch auch wieder eine Bereicherung des Lebens. Immer wieder wird mir in Gesprächen bestätigt, dass die Krise zu einem Neubeginn in der Partnerschaft wurde.

Die Krisen unseres Lebens sind Zeiten des Wachstums. Sie sagen uns, dass unser Lebensweg in einer anderen Richtung weitergeht.

Das Noviziat war für mich eine Zeit des kontemplativen Gebetes. Ich las die mystischen Bücher in der Noviziatsbibliothek unseres Klosters: Teresa von Ávila, Johannes vom Kreuz, »Die Wolke des Nichtwissens«, die Schrift eines englischen Mystikers. Und ich wunderte mich, dass ich in den Unterweisungen des Novizenmeisters nichts von diesen Dingen erfuhr.

Nach vier Jahren Klosterleben wurde vom Konvent entschieden, ob man im Kloster bleiben durfte. Vor der Feierlichen Profess wurde mir mitgeteilt, dass man erwogen hatte, mich aus dem Kloster zu entlassen. Auf meine Frage nach dem Grund teilte man mir mit: »Du hast zu viele mystische Bücher gelesen.« Als ich insistierte: »Woher wisst ihr das denn, ich habe doch niemandem davon berichtet«, war die Antwort: »Wir haben die Ausleihkarten in der Bibliothek eingesehen.«

Während der ersten Klosterjahre wurde mir ein tiefes Erlebnis geschenkt: Ich liebte die kleine Abtskapelle. Dort konnte ich in Ruhe verweilen. Sie war tagsüber so gut wie leer. Einmal trat ich ein und wurde sofort in einen höheren Bewusstseinszustand gehoben. Es war das erfüllende und beglückende Erlebnis einer Wirklichkeit, die alles Rationale und Personale zurückließ und mich doch auch das ganz normale Hier und Jetzt erleben ließ.

Plötzlich fiel mir wieder ein, dass ich eigentlich auf dem Weg zum Fußballplatz war und die Kapelle nur aufgesucht hatte, weil ich noch ein paar Minuten Zeit hatte. Meine Mannschaft wartete schon auf mich, denn ich war ein guter Fußballspieler. Während des Spieles stand ich noch vollkommen unter dem Eindruck dieser Erfahrung in der Kapelle. An diesem Tag spielte ich Fußball und erlebte gleichzeitig eine Ebene, die auf der einen Seite das Allernormalste war, das Hier und Jetzt, das ich schon öfters erfahren durfte. Der Augenblick war andererseits das Eigentliche meines Lebens. Alle religiösen Vorstellungen waren unwichtig geworden. Da gab es keinen Gott mehr, keinen Himmel und keine Hölle – nur diesen Augenblick, und der war viel mehr, als mein Verstand mir sagen konnte.

Als die Abtei ein Kloster in Japan gründen wollte, meldete ich mich, um aus der rastlosen Aktivität jener Zeit herauszukommen. Das Kloster wurde in Kamakura gegründet, wo mein Meister sein

Zen-Zentrum hatte. Bald darauf zog die Mönchsgruppe nach Tokyo um, während ich in Kamakura am Zentrum meines Meisters bleiben durfte. Sechs Jahre verbrachte ich in diesem Zen-Zentrum in Japan. Es war eine Zeit des Rückzugs, der Stille und der inneren Reifung. Zen zeigte mir den Weg aus der Ich-Eingrenzung in die Seinserfahrung. Ich stellte fest, dass die christliche Mystik auf die gleiche Ebene führte wie das Zen, über das Rationale und Personale hinaus. Diese Erfahrung veränderte auch mein Glaubensbekenntnis. Es blieb nicht mehr viel übrig von den traditionellen Aussagen. Ich formulierte sie jetzt anders, beispielsweise:

Der Mythos von der Jungfrauengeburt will uns sagen, dass wir alle aus dem Seinsgrund geboren sind, dem wir Christen den Namen »Gott« gegeben haben.

Mein Leben außerhalb des Klosters

Ab 2001 gehörte ich zwar noch der Benediktinerabtei Münsterschwarzach an, musste aber außerhalb des Klosters leben, weil ich den traditionellen Glaubensvorstellungen nicht mehr entsprach. Das Gebetsleben und das Chorgebet waren mir schon lange Zeit schwergefallen. Lob, Dank- und Bittgebet waren zu eng für mich geworden. Mein Beten führte in den transrationalen Seinsgrund, in den hinein Mystik und Zen öffnen. Dort begriff ich mehr vom Sinn des Lebens und von meiner menschlichen Existenz, als mir allein der Verstand sagen konnte. Dort erfuhr ich den Reichtum des spirituellen Lebens in einer tieferen Weise. *Askese* hat nur dann Sinn, wenn sie mich öffnet in diese Erfahrungsebene hinein. Da finde ich den »Schatz im Acker«, um Unwesentliches zurückzulassen, und »verkaufe alles«, um mein wahres Wesen zu erfahren (vgl. Mt 13,44).

Demut und *Armut* erreiche ich nicht durch mein Wollen. Ich muss meiner inneren Überzeugung und Erfahrung gehorchen. Auch Margarete Porete und Giordano Bruno waren wie viele mystisch begabte Menschen »ungehorsam«. Sie folgten ihrer tiefen spirituellen Erfahrung und endeten wie viele andere auf dem Scheiterhaufen. Auch ich konnte nicht anders, als dem damaligen Präfekten der Glaubenskommission, Kardinal Ratzinger, dem späteren Papst Benedikt XVI., »ungehorsam« zu sein. Ich musste meinem Gewissen folgen. Meine religiösen Aussagen entsprachen nicht mehr den kirchlichen Vorstellungen.

Ich sollte zurück ins Kloster gehen, sollte schweigen. Da ich aber Hunderte von Schülerinnen und Schülern hatte, konnte ich diesem Wunsch nicht entsprechen. Viele von ihnen haben die Kirche verlassen, weil sie deren religiösen Vorstellungen nicht mehr folgen können. Mit ihnen zusammen gehe ich jetzt den mystischen Weg, der leider auch heute noch von der Kirche ausgegrenzt wird.

Wir sind Kinder des Kosmos. In der Erfahrung unseres kosmischen Bewusstseins wissen wir uns mit allem verbunden und erleben die Einheit des Seins.

Armut war in meinem Leben nie eine Tugend. Sie war vielmehr eine Selbstverständlichkeit. Ich brauchte immer nur das, was zum Leben notwendig war.

Wer sind wir?

Als Spezies sind wir nur ein Wimpernschlag in einem zeitlosen Universum, eine kurze Episode in diesem gewaltigen, evolutionären, kosmischen Geschehen, das vor vielleicht 13,7 Milliarden Jahren seinen Anfang nahm. 13,7 Milliarden Jahre gab es uns nicht. Aber als dieser Wimpernschlag »Mensch« im zeitlosen Universum sind wir ein einzigartiger Ausdruck des Seinsgrundes, der aus dem Nichts entstanden ist. Wir können ihn Gottheit, Leerheit oder Brahman nennen. Aber dieses Nichts ist offensichtlich nicht »nichts«, sonst wäre dieses Universum nicht entstanden. Immer wieder durfte und darf ich erfahren, dass meine Lebenszeit nur ein Wellenschlag in diesem kosmischen Geschehen darstellt und dass das, was ich wirklich bin, zeitlos und formlos zurückfallen wird in die Unendlichkeit, der mein Ich entstiegen ist.

Der Weg des Zen, der Mystik und einige Yogawege führen aus der Ich-Eingrenzung hinaus in eine Ebene, die das personale Leben als momentanen Augenblick erfährt. Alles wird als Ausdruck des »Nichts« und des »Seinsgrundes« erfahren, dem diese unsere Welt seit 13,7 Milliarden Jahre entspringt.

Der Mythos von Adam und Eva braucht vor diesem Hintergrund eine entsprechende Interpretation. Wir lebten als Spezies lange in einem vorpersonalen Bewusstsein. Mit dem »Essen der verbotenen Frucht« im Garten Eden sind wir in unser Ichbewusstsein eingetreten und damit in eine neue Verantwortung, die wir vorher nicht kannten. Es war ein Schritt aus der personalen Eingrenzung heraus. Die »Vertreibung aus dem Paradies« war keine Strafe, wie die Schrift sagt, sondern ein Entwicklungsschritt in einen neuen Bewusstseinszustand hinein.

Die mystische Erfahrung führt zurück ins konkrete Leben und in die Verantwortung. Ein mystischer Weg, der nicht in den Alltag führt, ist ein Irrweg.

Die Religionen versuchen uns Antworten zu geben. Sie sprechen von einem Jenseits, in das wir einmal eingehen. Aber diese Vorstellung stammt aus einem vormodernen Weltbild. Wir aber leben im 21. Jahrhundert. Und unser Christentum muss sich wandeln. Wenn wir sterben, kehren wir zurück ins Leben, aus dem wir kommen. Einen Himmel und ewiges Leben kenne ich nicht.

Wissenschaftliche Erkenntnisse

Die moderne Wissenschaft befasst sich immer mehr mit der Frage, wie unser Bewusstsein funktioniert: biologisch, psychologisch, spirituell, sozial, individuell, kollektiv, ästhetisch. Wir sind dabei, aufzuwachen und uns unseres Daseins bewusster zu werden, um unseren Platz in der Evolution besser zu begreifen. Wir wissen noch viel zu wenig über die Struktur unseres Bewusstseins. Unser menschliches Ich ist nur eine Art Schaltzentrale für unser eigentliches tieferes Wesen.

Neueste Erkenntnisse der Neurowissenschaft belegen, dass Kontemplation und Zen und selbst das Fasten eine positive Wirkung auf unser Gehirn ausüben. Offensichtlich verändern sich sogar Gene im Gehirn. Das Gehirn geht in eine geringere Aktivität über, bleibt aber außerordentlich leistungsfähig. Es entsteht ein beruhigendes Netzwerk im Gehirn, das eine Dämpfung der Stressreaktion bewirkt. Man wird widerstandsfähiger gegen Störungen und offensichtlich auch gegen Krankheit. Sogar das Angstzentrum im Gehirn beruhigt sich.

Menschen, die schon viele Jahre meditieren, bestätigen diese Erfahrung: Mystik und Zen schaffen eine eigene innere Ordnung.

Wer auf der Seinsebene ankommt, kennt keinen Buddhismus, keinen Hinduismus, keinen Islam und kein Christentum. Da gibt es keine Asiaten, keine Europäer, keine Afrikaner und keine Amerikaner, sondern eine Ebene, die alles Personale übersteigt.

Die Übungen von Zen und Mystik produzieren also ganz bestimmte biochemische Wirkungen und sich positiv auswirkende Energien. Wenn man sich nicht einfach von seinen Gefühlen bestimmen lässt, sondern aus der Ich-Eingrenzung heraustritt, verändert sich sogar das physische Gehirn. Mystik und Zen stärken das Immunsystem, wie man in psychosomatischen Kliniken feststellte. Bei meditierenden Gruppen soll sich sogar der Herzschlag synchronisieren.

Individualität wird mehr und mehr zu einer Illusion. Wer durchbricht auf die Seinsebene, erfährt Einheit, Verbundenheit und Liebe. Wer seine wahre Natur kennenlernen möchte, muss sich bedingungslos dem reinen Sein stellen und das Ich zurücknehmen. Der Weg dorthin ist das Hauptanliegen der Mystik und des Zen. Wir sind als Spezies jetzt so weit, dass wir aus der Egozentrik, aus dem Egotunnel (Metzinger), aussteigen können, um zu erfahren, wer wir wirklich sind und welche Bedeutung die Jahrzehnte unseres Lebens haben.

Parallele Universen

Es existieren offensichtlich parallele Universen. In unserem Universum soll es 52 Milliarden Planeten geben. Unsere Erde ist nur einer davon. Auf Millionen von Planeten mag gleiches, ähnliches oder auch ganz anderes Leben herrschen. Dort können völlig andere Naturgesetze gelten, mit anderer Chemie, mit skurrilen Lebewesen. Sogar die Zeit könnte eine andere Richtung einschlagen. Es könnte Wesen – auch in unserer Galaxie – geben, die ganz anders sind als wir und die in einer anderen Weltzeit leben. Wir konstruieren mit unserem Intellekt eine ganz bestimmte Welt, aber das ist nicht die Wirklichkeit.

Mehrmals wurde das Leben auf dieser Erde fast völlig ausgelöscht. Asteroiden, Vulkanausbrüche und ähnliche Katastrophen haben einst das Leben zu 99 Prozent vernichtet, sagt die Forschung. Wer »macht« so etwas? Gibt es einen Gott, der einen Tsunami, ein Erdbeben, einen Asteroiden schickt? Wir sind als Menschen nur eine Masche in einem gewaltigen Netz. Wir sollten endlich begreifen, dass wir zuerst Netz sind, dann erst Masche. Das heißt, wir sind vor allem eins mit dem ganzen Universum und dann erst einzelne Lebewesen. Aber unser Ich erklärt sich selbst zur Mitte. Dabei sind wir nur ein Wellenschlag in diesem zeitlosen Ozean.

Was ist der Sinn?

Was ist der Sinn dieser wenigen Jahrzehnte, die wir leben? Ein paar Jahre lang dürfen wir mitspielen, bevor wir wieder ins Nichts zurückkehren. »Nichts« ist nur ein Wort für eine Wirklichkeit, die wir rational nicht begreifen. Gemeint ist der rational nicht fassbare Seinsgrund, dem alles entsteigt. Es gibt kaum materielle Substanz, auch wenn wir meinen, etwas Festes greifen zu können. Die Wissenschaft sagt, dass dieser Weltraum aus weniger als einem Prozent Materie besteht.

Eine Seinserfahrung besteht nicht aus Ekstasen, Elevationen, auch nicht aus Präkognition oder anderen psychischen Phänomenen. Sie führt in den Augenblick. Der Alltag wird dann als dieser Augenblick erfahren, wie es das Thomasevangelium sagt: »Spaltet ein Stück Holz und ich bin da. Hebt einen Stein auf und ihr findet mich dort.«

Wir benehmen uns auf unserem Planeten wie die Braut jenes jungen Mannes, der weit weg von seiner Liebsten arbeitete, ihr aber Briefe schrieb und versprach, er werde sie heiraten, sobald er nach Hause komme. Eines Tages schrieb ihm die Braut, sie werde den Postboten heiraten.

Unser Ich ist nur der Postbote. Wir sind leider mit dem »Postboten verheiratet« und begreifen unser wahres Wesen nicht. Es wartet etwas auf uns, mit dem wir EINS sind.

Warum sind wir eigentlich hier? Wenn die Saurier nicht ausgestorben wären – wahrscheinlich verursacht durch einen Kometeneinschlag –, hätten wir wohl keine Chance gehabt zu erscheinen. Wenn der Ostafrikanische Graben nicht eingebrochen wäre durch eine Verschiebung der Erdkruste, wodurch Ostafrika versteppte, hätten unsere prä-hominiden Vorfahren, die Affen, nicht von den Bäumen heruntersteigen müssen und wir wären nicht dieser Mensch geworden, der sich in den letzten 120.000 Jahren entwickelte.

Was bedeuten 120.000 Jahre in einem zeitlosen Universum? Sind wir Zufallsprodukte? Leben wir nur, weil der Ostafrikanische Graben eingebrochen ist? Was ist der Sinn unserer Existenz? Warum sind vor einiger Zeit durch einen Tsunami 250.000 Menschen umgekommen? Noch einmal: Sitzt da irgendwo ein Gott, der so etwas »macht«?

Vor 650 Millionen Jahren existierte das erste Lebewesen mit einer Wirbelsäule, sagt die Forschung. Von ihm stammt alles ab, was eine Wirbelsäule hat, sei es im Meer oder auf dem Land. Auch wir Menschen haben uns nach Entwicklungsgesetzen entfaltet: Wie im Meer das Stärkere und Größere das Kleinere und Schwächere auffrisst, so benehmen wir uns auch als Menschen noch immer. Nur wenige Beispiele dafür: Die Organisation »Ärzte ohne Grenzen« schreibt: »Mehr als 140 Millionen Kinder leiden weltweit Hunger. Sie leben in Regionen, in denen Dürren die Ernten zerstören, wo Krieg und Gewalt herrschen oder die Menschen sehr arm sind.« Oder: Die UNICEF berichtet, dass ein Drittel aller Kinder und Jugendlichen weltweit in überbevölkerten Slums lebt. Sie haben meistens keinen ausreichenden Zugang zu sauberem Wasser, Gesundheitsversorgung und Schulen. 30 bis 50 Prozent aller Neugeborenen in den rasch wachsenden Metropolen der Entwicklungs- und Schwellenländer werden nicht einmal registriert. Das statistische Bundesamt schreibt, dass im Jahr 2011 fast 8,2 Millionen Tonnen Fleisch produziert wurden, mehr als je zuvor. Jeder Deutsche isst pro Jahr 39,2 Kilo Schweinefleisch, davon 98 Prozent aus Massentierhaltung. 2012 wurden weltweit 1,7 Billionen US-Dollar für militärische Rüstung ausgegeben.

Angesichts dieses weltweiten Wahns müssen sich auch unsere religiösen Vorstellungen ändern. Selbst der Dalai Lama hat dies erkannt. Er definiert sein religiöses Selbstverständnis wie folgt:

Die Realität unserer heutigen Welt ist jedoch, dass es nicht mehr zeitgemäß ist, unsere Ethik auf Religionen zu gründen. Aus diesem Grund komme ich zunehmend zu der Überzeugung, dass die Zeit gekommen ist, über eine Spiritualität und Ethik völlig jenseits aller Religionen nachzudenken.

Wer bin ich?

Ich erfahre mich als ganz gewöhnlichen Menschen, der das Hier und Jetzt als Ausdruck, als Wimpernschlag des zeitlosen Seins lebt. Ich fühle mich nicht als etwas Besonderes. Auch wenn ich zweimal zum Zenmeister ernannt wurde, erfahre ich mich als eins mit meinen Mitmenschen. Ich liebe das Bild von der Karawane. Der Karawane geht ein Esel voran, weil er das bessere Ortsgedächtnis besitzt. So fühle ich mich, als Esel, als Führer und Begleiter meiner Mitmenschen, die mit mir einen spirituellen Weg gehen wollen.

Acht Milliarden Menschen existieren derzeit auf unserer Erde. Wohin gehen sie, wenn sie sterben? Wo sind die Milliarden hingegangen, die vor uns gelebt haben? Das Leben kehrt zurück ins Sein, dem es entstiegen ist. Die Mystiker aller Zeiten versuchten uns das zu sagen. In dem Buch *Die Flöte des Unendlichen* habe ich mit Beatrice Grimm versucht, die Mystiker des Ostens und

Westens zur Sprache kommen zu lassen. Viele von ihnen wurden im Mittelalter umgebracht, weil sie einer personalen Gottesvorstellung widersprachen. Und auch heute noch gerät jeder in die Kritik, der die Personalität eines Gottes bestreitet.

Auferstehung ist nicht etwas Zukünftiges.
Unsere Auferstehung findet in jedem Augenblick statt.
Wir leben das zeitlose Leben, das sich in diesem Augenblick,
in dieser Form offenbart.

Der Sinn unserer Existenz lässt sich rational nicht begreifen. Erst wenn wir aus der Egozentrik herauskommen, wenn wir Rationalität und Personalität übersteigen, begreifen wir, wer wir wirklich sind und was unsere Jahrzehnte in diesem zeitlosen Universum bedeuten. Und nur dann werden wir aufhören, uns gegenseitig umzubringen.

Eine Spezies, die sich umbringt

Unsere menschliche Geschichte ist eine Geschichte von Kriegen. Seitdem Menschen »Ich« und »Du« sagen können, hat Kain seinen Bruder Abel umgebracht, so der Mythos. Das tun wir auch heute noch. Die Ägypter kämpften gegen die Syrer, die Syrer gegen die Ägypter, die Perser gegen die Griechen, die Griechen gegen die Perser. Die Römer unterjochten in blutigen Auseinandersetzungen den gesamten Mittelmeerraum. Dschingis Khan dezimierte die Menschheit in Europa. Sarazenen, Kreuzfahrer, der Dreißigjährige Krieg brachten unzähligen Menschen den Tod.

Die Norwegische Akademie der Wissenschaft hat errechnet, dass seit dem Jahr 3600 vor Christus insgesamt 14.513 Kriege stattfanden. Dabei gab es 3,064 Milliarden Tote. Nur 292 von diesen insgesamt 5600 Jahren waren ohne Krieg.

Wir richten als Spezies ständig Unheil an. Bei der Kolonisierung fremder Erdteile durch die Europäer wurden Millionen von Einheimischen umgebracht. Die Eroberungen der Spanier und Portugiesen in Südamerika, der Kampf der Europäer gegen die Ureinwohner in Nordamerika, Napoleons Feldzüge, die Vernichtung von Millionen von Menschen durch Stalin, Hitler und Pol Pot ... Mao soll in China 70 Millionen Menschen umgebracht haben. Wir leiden an einer bedrückenden Menschheitsgeschichte. Wir sind wirklich eine Spezies, die sich gegenseitig umbringt.

Liebe ist die einzige Sprache, die alle Menschen und alle Wesen verstehen.

Ich halte dennoch auf der anderen Seite fest: Unsere Einstellung und unsere Willenskraft, unsere guten Energien, die wir aussenden, haben eine Wirkung. Sie besitzen sogar Einfluss auf Pflanzen. Bei manchen Frauen zum Beispiel gedeihen Blumen besser als bei anderen. Es gibt offensichtlich eine zentrale, einheitliche Bewusstheit, an der wir alle teilhaben. Nur wenn wir diese Ebene erreichen, wird sich die Moral des Menschen verändern. Gebote und Befehle schaffen es nicht. Wenn wir nicht endlich aus unserer Egozentrik aufwachen, bleiben wir eine Gattung, die der Tierwelt näher steht als jeglicher menschlichen Existenz.

Unser Dasein und Tun von Augenblick zu Augenblick als Manifestation des zeitlosen Urgrundes zu erfahren – das sollte unser

Ziel sein. Die Forschung spricht vom Nullpunkt-Feld, dem alles entsteigt, was wir rational nie begreifen werden. Das Vakuum zwischen dem Zellkern und den umherschwirrenden Quarks ist gefüllt mit Energie. Der Raum zwischen Kern und Elektronenhülle schäumt von brodelnder Aktivität. Dieses »Vakuum« ist mit Elementarteilchen gefüllt, die in ständiger Bewegung sind. Sie befinden sich in einem Informationsaustausch. Das ist der Urgrund unseres Menschseins. Das Nullpunkt-Feld ist ein riesiges Energiereservoir. Noetikforscher betrachten es sogar als Fundament für bislang unerklärte Phänomene wie Telepathie oder Geistheilung. Alles Leben ist lediglich ein Aufflackern des Nullpunkt-Feldes, dieses Seinsgrundes, dem das milliardenfache Leben entsteigt. Ich wiederhole: Unser Tod ist eine Rückkehr des Lebens in diesen Seinsgrund, dem wir entstiegen sind. Die Welle, die wir sind, kehrt zurück in den Ozean.

Die Mystik des Westens und Ostens will uns zu unserer wahren Natur erwecken, die Geburt und Tod nicht kennt. Sterben bedeutet Ablegen der Form, die ich jetzt bin, und Rückkehr ins Sein, das mein wahres Wesen ist.

Wissenschaftler sprechen heute von der Macht einer Bewusstheit, die über der Materie steht. Auch Gedanken sind noch Materie, auch Denken ist noch eine Eingrenzung. Der spirituelle Weg, den wir gehen – Zen und Kontemplation – hat, wie bereits beschrieben, Einfluss auf unser Gehirn. Eine große Zahl von Menschen leidet heute an »Burn out«. In einem Spiegelartikel las ich jüngst, dass man eine Depression oder Niedergeschlagenheit überwinden kann, wenn man sich einer Therapie unterzieht. Doch das würde nur begrenzt helfen. Man solle jeden Tag eine halbe Stunde gehen, so der nächste Rat. Hier ist allerdings nicht das bloße »ich gehe« gemeint, sondern dass ich diesen Schritt erlebe – und immer nur diesen Schritt. Der mystische Weg und das Zen – das gilt auch in diesem Zusammenhang – können selbst die physische Masse beeinflussen und verändern. Sie haben offensichtlich auch eine Wirkung auf die Gesundheit. Positives Denken und positive Energien spielen eine wichtige Rolle in unserem Leben.

Es gibt keine Trennung zwischen Spiritualität und Alltag. Sie sind eins. Erst mit dieser Erkenntnis sind wir auf dem wirklich spirituellen Weg angekommen.

In jedem Jetzt ist Ewigkeit

Die Worte Theismus und Atheismus machen für mich keinen Sinn. Da sitzt nicht irgendwo ein Gott, der diese Welt regiert. Ich erfasse nur diesen Seinsgrund, aus dem alles quillt, was wir begreifen, und das Viele, das wir nicht begreifen. Das hat mit einer Person nichts zu tun. Das Ich, das sich immer wieder in den Vordergrund spielt, ist nicht unser wahres Wesen. Es ist nur das Echo auf unsere wahre Identität, eine Form des kosmischen Bewusstseins. Wir ändern uns als Menschen nicht durch Vorschriften, durch Belohnung oder Strafe. Wir ändern uns nur, wenn wir begreifen, wer wir wirklich sind. So manches, was wir aus Idealismus zu tun meinen, erweist sich als Werk der Eitelkeit und der Egozentrik. Wenn wir unser wahres Wesen erleben, wird das Ich demütig. Demut meint nichts anderes als ein Begreifen und Akzeptieren der Wirklichkeit und der Wahrheit über uns selbst, authentische Selbsteinschätzung und Annahme des Unvermeidlichen. Dann erkennen wir auch deutlich unsere Schattenseiten und unsere blinden Flecken und versuchen entsprechend zu reagieren.

Spirituelle Wege wollen uns lehren, dass alles Festhalten, sogar das Festhalten an der Erleuchtung, unserem wahren Sein zuwiderläuft. Wer auf dem »Berg der Erleuchtung« sitzen bleibt, hat das Ziel verfehlt. In dem Maße, in dem unser kleines Ich »stirbt« – dieses ängstliche, verzweifelte, aggressive Ich –, wachsen Vertrauen, Zuversicht und Liebe. Der Mystiker Kabir kann daher sagen:

O, der du mir dienst, wo suchst du mich? Ich bin bei dir. Ich bin weder im Tempel noch in der Moschee, weder in der Kaaba noch auf dem Kailash. Weder bin ich in Riten und Zeremonien noch im Yoga und in Entsagung. Wenn du ein wahrhaft Suchender bist, wirst du mich sogleich sehen, mir begegnen im gleichen Augenblick. Kabir sagt: O Sadu! Gott ist der Atem allen Atems.

Es ist nicht genug, dass wir um die einfachen Dinge des Lebens wissen. Wir haben zu lernen, das Wesentliche dahinter zu erfahren. Wenn wir unsere absondernde Ichheit überwinden, gelangen wir in eine Seinsebene, die uns unsere Identität mit dem All begreifen lässt. Erfüllen wir unsere körperlichen Grundbedürfnisse nicht, dann erkranken wir. Wir erkranken aber auch, wenn wir unsere spirituellen Grundbedürfnisse nicht leben. Doch leider spüren die meisten Menschen diese spirituellen Grundbedürfnisse nicht.

Eine mystische Erfahrung ist nicht eine Vermehrung unseres kognitiven Begreifens; sie ist eine ganz neue Dimension, die sich empirisch nicht begreifen lässt. »Unio Mystica« ist der Ausdruck für das Eintauchen in das kosmische, transmentale und transpersonale Eine. Dort ist man nicht glücklich und nicht unglücklich, nicht zufrieden oder unzufrieden, nicht froh und nicht traurig. Auf der kosmischen Bewusstseinsebene gibt es keine Seligkeit, kein Glück im Sinne eines Gefühls, denn Gefühle sind Gefühle des Ich. Es gibt dort eine Seinserfahrung, die das Rationale und Personale übersteigt.

Der Mensch, ein Erwachender

Die Theologie gibt uns nicht mehr die Antworten, die wir im 21. Jahrhundert brauchen. Wir müssen wirklich aus der Zwanghaftigkeit des Denkens aussteigen, wenn wir begreifen wollen, wer wir sind. Thomas von Aquin, der große Theologe, hatte kurz vor seinem Tod in der Kirche von Fossanova ein tiefes mystisches Erlebnis. Er vertraute sich einem Freund an, bat ihn aber, niemandem davon zu berichten:

Alles, was ich geschrieben habe, scheint Stroh zu sein
im Vergleich mit dem, was ich gesehen habe
und was mir geoffenbart worden ist.

Ähnlich erging es Ignatius von Loyola, als er seine Andacht in der Kirche von St. Paul verrichten wollte. Unterwegs blieb er am Flussufer stehen. Da wurden seine Augen plötzlich entsiegelt, und er sah nicht mehr Bilder der Wirklichkeit, sondern diese Wirklichkeit selbst. Die Kenntnis des Wesens der Dinge wurde ihm geschenkt – und das alles in solcher Klarheit, dass seine Augen übergingen und ihm die ganze Welt verwandelt erschien. Und – so sein Resümee – zöge er aufs Gewissenhafteste die Summe all dessen, was er in seinem tätigen Leben erfahren hatte, es würde doch nicht die Erfahrung dieser einen Minute aufwiegen. (Vgl. dazu Ignatius von Loyola, zitiert nach W. Tritsch)

Ja, es gibt eine Ebene, die alles Personale und Rationale und damit auch jede Ich-Eingrenzung übersteigt. Das ist unsere eigentliche menschliche Ebene. Dort gibt es kein Zen, keine Mystik, keinen Sufismus und kein Vedanta mehr, sondern nur diese Seinsebene, die unser wahres Wesen ist. Sie übersteigt das Personale. Wir begreifen dann, dass unser Ich ein »Märchen« ist, das uns eine ganz bestimmte Welt vorgaukelt. Und wir begreifen ebenso, dass wir mehr sind als dieses Ich. Das Ich macht uns zwar zu diesem Menschen, der wir sind, und wir leben es auch, freuen uns und leiden daran. Aber es wird höchste Zeit, dass wir die Ich-Eingrenzungen überschreiten. Diese Ebene, die mich aus der Ich-Eingrenzung heraushebt und mir eine transpersonale Lebensdeutung gibt, ist auch meine Kraftquelle.

Das Eine ist gleichsam unser Familienname. Wir kommen alle aus der gleichen Seinsebene. Sie ist der Nenner, an dem alle Zähler partizipieren.

Wohin gehen wir, wenn wir sterben?

Himmel, Hölle, Fegefeuer? Da exisitiert kein Himmel und keine Hölle, da ist nur dieser rational nicht fassbare Seinsgrund, der Milliarden von Formen entwickelt und dem auch wir entstiegen sind. Buddha nannte diese Ebene das andere Ufer. Jesus spricht zu Nikodemus von der Wiedergeburt. Nicht in einem nächsten

Leben, sondern hier und jetzt müssen wir in dieses neue Seinsverständnis hineingeboren werden und aus der Egoebene heraus in die Seinsebene gelangen, die unser Wesen ist.

Was ist unser wahres Wesen? Wir sind als Menschen alle »jungfräulich geboren«, das heißt wir kommen aus einer Seinsebene, die unser Ich übersteigt. Jesus sagt man die jungfräuliche Geburt aus Maria nach, Horus kommt jungfräulich aus dem Leib von Isis, und Buddha entsteigt seiner Mutter Mayadevi aus der rechten Seite. Jungfrauengeburt bedeutet, dass wir aus diesem zeitlosen Urgrund geboren sind, der unsere Rationalität und Personalität übersteigt. Einige mystische Texte sollen das näher erläutern und uns den Sinn des Lebens deuten:

Wenn **Meister Eckhart** von Gott spricht, meint er diesen Seinsgrund, dem alles entsteigt:

»Als ich in meiner ersten Ursache stand, da hatte ich keinen Gott, und da war ich Ursache meiner selbst. Ich wollte nichts, ich begehrte nichts, denn ich war ein lediges Sein und ein Erkennen meiner selbst im Genuss der Wahrheit. Da wollte ich mich selbst und wollte nichts sonst; was ich wollte, das war ich, und was ich war, das wollte ich, und hier stand ich Gottes und aller Dinge ledig ... Darum bitte ich Gott, dass er mich Gottes quitt mache; denn mein wesentliches Sein ist oberhalb von Gott, sofern wir Gott als Beginn der Kreaturen fassen.«

Teresa von Ávila spricht in der »Inneren Burg« von der Einheit des Seins, das unser wahres Wesen ist:

»Hier jedoch ist es, wie wenn Wasser vom Himmel in einen Fluss oder eine Quelle fällt, wo alles nichts als Wasser ist, sodass man weder teilen noch sondern kann, was nun das Wasser des Flusses ist und was das Wasser, das vom Himmel gefallen; oder es ist, wie wenn ein kleines

Rinnsal ins Meer fließt, von dem es durch kein Mittel mehr zu scheiden ist; oder aber wie in einem Zimmer mit zwei Fenstern, durch die ein starkes Licht einfällt: dringt es auch getrennt ein, so wird doch alles zu einem Licht.«

Johannes vom Kreuz spricht vom Zurücklassen religiöser Vorstellungen, um unser wahres Sein zu begreifen:

»Ich trat ein und wusst' nicht wo, und ich blieb auch ohne Wissen, alles Wissen übersteigend. – Wo ich eintrat, wusst' ich nicht. Doch als ich mich dort gewahrte, ohne Kenntnis meiner Bleibe, hörte ich von großen Dingen. Was ich hörte, sag ich nicht, blieb ich doch ganz ohne Wissen, alles Wissen übersteigend.
Die Seele achte darauf, sich nicht an bildhafte Visionen, Formen, Gestalten und Einzelbegriffe zu halten; denn diese können ihr nicht als angemessenes und nächstes Mittel zu solchem Ziele dienen. Sie stören vielmehr, und darum muss sie darauf verzichten und trachten, sie zu vermeiden.«

»Daher kommen die Ekstasen, die Stigmen, die Gliederverrenkungen, die immer auftreten, wenn die Mitteilungen nicht rein geistig sind.«

Nikolaus von Kues hatte auf der Überfahrt von Konstantinopel nach Rom eine tiefe mystische Erfahrung:

»Ich habe den Ort gefunden, an dem man Dich unverhüllt zu finden vermag. Er ist umgeben von dem Zusammenfall der Gegensätze (coincidentia oppositorum). *Dies ist die Mauer des Paradieses, in dem Du wohnst. Sein Tor bewacht höchster Verstandesgeist* (spiritus altissimus rationis). *Überwindet man ihn nicht, so öffnet sich nicht der Eingang. Jenseits der Mauer des Zusammenfalls der Gegensätze vermag man Dich zu sehen; diesseits aber nicht.«*

Weiter sagt er:

*»Von den Dialektikern erlöse uns, o Herr.
Denn eine geschwätzige Logik schadet mehr als sie nützt.«*

Hadewijch von Antwerpen formuliert es auf ihre Weise:

»Das Feuer (der Liebe) macht keinen Unterschied, es verzehrt alles, was es erfasst: Ich versichere Euch ... von Verdammnis oder Segen ist nicht mehr die Rede. In der Erfüllung der Liebe ist man Gott geworden. – Ich gehöre nicht mehr mir, es bleibt mir nichts von mir selbst. – Es hat die Substanz meines Geistes verschlungen.«

Mystik und Zen im 21. Jahrhundert

Zen ist dabei, im Westen zu einer Aufbruchsbewegung zu werden; er holt gleichzeitig auch die Mystik der theistischen Religionen in die Praxis zurück. Die traditionellen Religionen bedürfen einer Transformation, die dem 21. Jahrhundert gerecht wird. Es geht dabei nicht um Synkretismus, also eine Verschmelzung aller Religionen, sondern um die Erfahrungsebene, die alle Konfessionen übersteigt. Dort ist die wirkliche Einheit der Religionen zu finden. Wer dorthin durchbricht, erfährt eine Ebene, die unabhängig ist von Glauben oder Konfession und unabhängig von jeder Rationalität. Hier liegt die eine spirituelle Quelle, aus der alle Religionen schöpfen.

Diese Spiritualität breitete sich einst vom heutigen nördlichen Indien über den Himalaya nach China und Ostasien aus. Sie fand den Weg nach Süden bis nach Sri Lanka und Indonesien und gelangte schließlich über die Seidenstraße in den Westen.

Alexandrien war in den Jahrhunderten vor Christus ein Schmelztiegel für Ost und West. Von hier aus gelangte der spirituelle Weg in den Islam (wo er zum Sufismus wurde) und vorher zu den Wüstenvätern, wo sich die christliche Mystik entwickelte. Durch Cassian und Dionysius Areopagita erreichte der Weg auch die westliche Kirche und die Ostkirche, wo er ins Herzensgebet mündete.

Alles ist in ständiger Verwandlung. Bäume blühen, Blätter fallen, Jahreszeiten kommen und gehen. Ohne Sterben könnte es kein neues Leben geben. Der ständige Wandel ist das eigentliche Wunder des Lebens.

Die Grundstruktur all dieser Wege ist die gleiche. Es geht immer um eine Zurücknahme der dominierenden Ich-Aktivität, damit das auftauchen kann, was unser wahres Wesen ist.

»Sogar Shakyamuni und Maitreya dienen jenem Einen. Sagt mir: Wer ist jener Eine?« – Dieser Eine ist nichts anderes als der Seinsgrund aller Formen. Leerheit ist Form, und Form ist Leerheit. Dieser Vers eines Koan aus dem Mumonkan versucht es noch einmal zu beschreiben: »Des anderen Bogen spanne nicht. Des anderen Pferd besteige nicht. Des anderen Fehler betratsche nicht.«

Alle spannen wir den einen Bogen, das heißt unsere wahre Natur. Alle Wesen reiten das gleiche Pferd – unsere wahre Natur, die hinter dem Ich verborgen liegt. Und wenn wir über den anderen tratschen, tratschen wir über uns selbst.

Der spirituelle Weg ist eine Art Zähmung der Ratio und der Psyche, damit ein Erwachen möglich wird.

Was ist Zen?

Kakua, der erste Japaner, der in einem Zenkloster in China lebte, wurde nach seiner Rückkehr vom Kaiser in Japan eingeladen, alles vorzutragen, was er in China erfahren hatte.

Kakua zog eine Flöte aus seinem Ärmel, blies eine kurze Note, verbeugte sich höflich und ging. Er hat den Kern des Zen *gezeigt*. Dieser Augenblick ist die Manifestation eines Urgrundes, zu dem unser Verstand keinen Zutritt hat. Und es gibt nichts, was ihn nicht manifestieren würde.

Zen ist die Abkürzung des Wortes *Zenna*. Es ist die japanische Leseart des chinesischen *Cha'an*, das wiederum die Übertragung des Sanskrit-Wortes *Dhyana* ist und »Sammlung des Geistes« oder »Versunkenheit« bedeutet. Zen entwickelte sich in China im 6. und 7. Jahrhundert in der Begegnung mit dem Taoismus.

Schriften und religiöse Übungen sind zur Erlangung dieser Erfahrung der Non-Dualität nutzlos. Der Weg zum Erwachen ist das Zazen, das Sitzen im absoluten Jetzt. Alle dualistischen Unterscheidungen von Ich und Du, Subjekt und Objekt, Wahr oder Falsch sind in einer tiefen Erfahrung aufgehoben. Zen lässt sich mit den folgenden vier Aussagen zusammenfassen:

- Zen ist eine besondere Überlieferung außerhalb der orthodoxen Lehre.
- Zen ist unabhängig von den heiligen Schriften.
- Zen deutet unmittelbar auf des Menschen Herz.
- Zen ist die Schau des eigenen Wesens.

Zen sagt:

Wenn dir Buddha begegnet, töte Buddha,
wenn dir ein Patriarch begegnet, töte den Patriarchen.

Ich wurde gefragt, ob ich das auch auf Jesus anwenden könne: »Wenn du Jesus begegnest, töte Jesus.« Ich antwortete: »Ja.« Denn das bedeutet nichts anderes, als alle Bilder und Konzepte von Jesus und Gott loszulassen, um das zu erfahren, auf das sie verweisen.

Eine wichtige Übertragung dieser wortlosen Lehre finden wir in der legendären Geschichte von Buddha auf dem Geierberg. Buddha hielt schweigend eine Blüte in die Höhe. Kashyapa, sein Schüler, begriff und hatte die Essenz der wortlosen Lehre Buddhas erfasst. Zen führt in eine Erfahrung. Es übersteigt alle Konfessionen, auch den Buddhismus. Es kennt weder Vergangenheit noch Zukunft. Es vollzieht sich von Augenblick zu Augenblick.

Die alten schriftlichen Zentexte, wie das *Shinjin-mei* und das *Shodoka*, werden nicht müde, dies zu betonen:

Der höchste Weg ist nicht schwer, wenn du nur aufhörst zu wählen ... Die kleinste Unterscheidung bringt eine Distanz wie zwischen Himmel und Erde ... Je mehr Worte und Gedanken, desto weiter entfernt von der Wirklichkeit.

Oder der Text von Daio Kokushi:

O, meine lieben und ehrenwerten Freunde, die ihr hier versammelt seid: Wenn ihr euch danach sehnt, die donnernde Stimme des Dharma zu hören, gebt eure Worte auf, entleert eure Gedanken.

Wer dahin durchbricht, erfährt das, was Zen *Kensho* nennt.

Der Weg des Zen führt über die Personalität hinaus auf eine Ebene, die alles Rationale übersteigt.

Nordindien – Heimat der transkonfessionellen Spiritualität

Shakyamuni Buddha war sicher nicht der erste, der in den transpersonalen Raum vordrang, auch wenn das manche Sutren behaupten. Nicht umsonst besagt die Mythologie, dass es vor Buddha sieben Buddhas gab. Er trat sicher in die Fußspuren vieler Vorgänger.

Die transkonfessionelle Erfahrungsebene blühte bereits einige tausend Jahre, bevor sich die ersten Weltreligionen bildeten. In all diese Religionen hat sie Eingang gefunden. Alle Religionen werden wesentlich aus dieser transzendentalen Erfahrung gespeist. Diese Erfahrung bietet der Welt vielleicht die letzte Hoffnung auf eine menschenwürdige Zukunft. Sie lehrt uns, dass wir Menschen einander nicht fremd sind und dass wir in Liebe miteinander leben können. Sie weist uns Wege, unsere Ichstruktur zu transzendieren und unser menschliches Verhalten zu verändern.

Wir sind nicht materielle Körper, die Geist haben, wir sind der zeitlose Seinsgrund, der sich diesen materiellen Körper schafft. Wir sind zeitloses Leben, das sich in uns inkarniert und geformt hat.

Auswege aus den theistischen Religionen

Mystik und Zen verstehen sich als Foren für spirituelles Wachstum. Es gibt kein buddhistisches Zen und auch kein christliches Zen. Es gibt vielleicht Zenmeister, die Buddhisten sind, und Zenmeister, die Christen sind. Zen selbst jedoch bleibt von ihrer Religion unberührt. Daher ist es mein Anliegen, Zen von der religiösen Tradition des Buddhismus und auch des Christentums zu befreien und auf seinen Ursprung zurückzuführen. Es schenkt uns Wege und Auswege auch aus den theistischen Religionen. Theologien sind Modelle, die den Menschen einen Standort in diesem rational nicht fassbaren Universum geben wollen. Den *Weg* dorthin vermitteln Zen und die christliche Mystik. Es geht um das eigentliche Leben, um Ebenen und Potenzen, die uns mehr öffnen, als unser Verstand sagen kann. Die Übung der Mystik und des Zen führt in die Zurücknahme aller Ichaktivität, um uns die Einheit mit dem unfassbaren Absoluten, das unser Wesen ist, begreifen zu lassen.

Das Mysterium findet im Alltag statt. Die Erfahrung führt zurück in den Augenblick des Alltaglebens. Diese Erfahrung verändert den Menschen. Er wandelt sich nicht länger über Gebote und Vorschriften, sondern über einen Prozess, der im Innern geschieht.

Der Zenweg kann daher keiner Religion zugeordnet werden. D. T. Suzuki schreibt in der Zeitschrift »Vision«:

Soweit ich zu sehen vermag, lehrt die christliche Erfahrung das gleiche. Das buddhistische Undenkbare entspricht der göttlichen Offenbarung, die etwas Übernatürliches und über den Verstand Hinausgehendes ist und völlig außerhalb der menschlichen Denkfähigkeit liegt. Wir werden diese Offenbarung so lange nicht verstehen, solange wir nicht die Fesseln unseres Verstandes und unserer Logik abgestreift haben. Der Seinsgrund wird sich niemals Köpfen offenbaren, die mit rationalen Vorstellungen vollgestopft sind; nicht weil er rationalem Verstehen abgeneigt wäre, sondern weil er einfach jenseits solchen Verständnisses ist. Das Offenbarwerden wird jedoch nur geschehen, wenn der menschliche Verstand sich erschöpft hat und all seine Ichhaftigkeit aufgegeben hat.

Wer war Jesus?

Was bedeutet er mir? Wer bin ich? Wem die Wende nach innen in die Erfahrung seines wahren Wesens gelingt, der erfährt, dass er wie Jesus eins ist mit dem Seinsgrund, aus dem alles entsteht. Darum konnte Jesus sagen, und darum können auch wir sagen: »Bevor Abraham ward, bin ich.« Was wir Leben nennen, kennt keine Zeit. Der Kosmos ist das Spiel eines leidenschaftlichen Spielers. Der »Spieler« sitzt nicht draußen, er vollzieht sich als das Spiel. Unsere Aufgabe ist es, gute Mitspieler zu sein. Jesus sah den Sinn seines Wirkens darin, uns zu vermitteln, dass das, was er Reich Gottes nannte, unser zeitloses Wesen ist. Er sagte zur Samariterin:

Glaub mir, Frau, es kommt die Stunde, wo ihr weder auf diesem Berge noch in Jerusalem den Vater anbeten werdet. Ihr betet an, was ihr nicht kennt, ... Aber es kommt die Stunde, und sie ist jetzt da, wo die wahren Anbeter den Vater im Geist und in der Wahrheit anbeten werden. ...Gott ist Geist und die ihn anbeten, müssen ihn im Geist und in der Wahrheit anbeten.

Joh 4,21

Gott ist Geist: Gott ist für mich schon lange nicht mehr eine Person. Er/Es ist der Seinsgrund, dem alles Leben entquillt.

Religionsstifter waren Weise, die aus der Tiefe ihrer Seinserfahrung schöpften. Ihre Erfahrung übersetzten sie in eine bildhafte Sprache, in eine Bilderwelt und in Vorstellungen, um sie den Menschen begreifbar zu machen.

Buddha war kein Buddhist und Jesus kein Christ. Jesus stellt sich dar mit den Worten:

Dazu bin ich geboren und in die Welt gekommen,
um für die Wahrheit zu zeugen.

Joh 18,37

Einheit, Verbundenheit und Liebe sind der Kern des Christentums. Darum liebe ich das Wort Jesu:

Daran werden alle erkennen, dass ihr meine Jünger seid:
wenn ihr einander liebt.
Joh 13,35

Jesus war ein Mensch wie wir. Erst die Tradition machte Jesu Geburt zu einem mystischen Ereignis. Wir sind alle aus diesem Seinsgrund Leben geboren, dies wollen uns die Bilder von der Jungfrauengeburt sagen: die Jungfräulichkeit Mariens, die jungfräuliche Geburt von Buddha, der seiner Mutter Mayadevi aus der Seite entstieg, ebenso des Horus, den seine Mutter Isis jungfräulich gebar.

Der Mensch sucht die Erlösung aber lieber draußen. Es ist leichter, sich an einen anderen zu hängen, der erlösen soll, als in der eigenen Verantwortung zu leben. Der Sufimystiker Rumi hat es so formuliert:

Der Selbstlose (wer sich selbst vergessen hat) ist ein Spiegel geworden: Nichts ist mehr da als das Spiegelbild des Gesichtes eines anderen. Wenn du darauf spuckst, so spuckst du in dein Gesicht, und wenn du den Spiegel schlägst, schlägst du dich selbst; und wenn du ein hässliches Gesicht im Spiegel siehst, bist es du; und wenn du Jesus und Maria siehst, bist es du.

Die vier Erfahrungsebenen der Religionen

Die erste Ebene umschreibt den Glauben an einen Schöpfer und Creator des Universums. (Bei wissenschaftlichen Versuchen sprangen bei Christen mit solchem Glaubenskonzept ganz bestimmte Gehirnareale an, die ihnen Zufriedenheit und Sicherheit schenkten.)

Unsere wichtigste Lebensaufgabe ist es,
zu begreifen, wer wir wirklich sind. Wer bin ich in diesem
Universum mit Milliarden Galaxien? Was bedeuten die
wenigen Jahrzehnte in diesem zeitlosen Geschehen?
Ich bin eine einmalige, einzigartige Inkarnation dieses
Seinsgrundes, aus dem alles fließt, ein kurzer Wellenschlag
dieses uferlosen Ozeans.

Die zweite Ebene ist eine intellektuelle: Theologie, Theodizee, Metaphysik und Philosophie versuchen, uns eine intellektuelle Deutung unseres Lebens zu geben. Auch hierin sehe ich eine nur begrenzte Deutung.

Darum müssen wir uns in die dritte Ebene hinein entfalten. Sie bringt eine große Verbundenheit mit allen und allem. Es entsteht eine universale Liebe, die das Leben verändert. Es ist nicht ein »Ich liebe dich!« oder »Du liebst mich!«, sondern eine umfassende Einheit und Verbundenheit, die nichts und niemanden ausschließen kann.

Die vierte Ebene, die wir in der Mystik und im Zen suchen, lässt sich rational nicht mehr erklären, gibt aber Menschen und

Dingen die endgültige Deutung ihrer Existenz. Sie lässt sich nur schwer vermitteln. Die »Sprache der Mystik und des Zen« wird dann oft falsch verstanden. Wer im rationalen Umfeld bleibt, bestreitet, dass es diese transrationale Ebene überhaupt gibt, auf der das Leben selbst spricht. Diese Ebene ist ein Widerfahrnis. Sie übersteigt alles Rationale.

Scheitern

Es gibt keine letzte Sicherheit im Leben. Wir bleiben Wanderer und Suchende auf unserem Lebensweg. Wenn wir im Leben scheitern, erfahren wir, dass dieser unser momentaner Weg nicht mehr der richtige für uns ist. Wir möchten alles Schmerzhafte umgehen, aber oft ist es gerade das Scheitern, das Schmerzhafte, das uns das Neue bringt. Im Leid, das wir umgehen möchten, die heilende Kraft zu erkennen, ist nicht leicht. Dass uns ein »Schicksalsschlag« weiterbringen möchte, ist schwer zu akzeptieren. Sei es eine tiefe Kränkung, sei es, dass wir ignoriert werden, sei es das Zerbrechen einer Ehe, sei es der Tod eines lieben Menschen, sei es, dass ganze Lebensentwürfe zusammenbrechen – darin ein Wachsen und Reifen zu erkennen, fällt uns schwer.

Scheitern ist nie Ende. Scheitern war für mich immer Neubeginn.

Scheitern gehört zu den Grunderfahrungen unseres Menschseins, es ist nicht das Ende. Es bedeutet Auferstehung zu einer neuen Lebensphase. Deutlich erzählt uns davon die Parabel vom verlorenen Sohn. Ein Mann hatte zwei Söhne. Der jüngere sprach zum Vater: »Vater, gib mir mein Erbteil.« Der Vater gab ihm seinen Anteil. Der Sohn reiste in ein fernes Land und vergeudete dort sein Vermögen. Aber er fand nicht, was er suchte, sondern landete in Armut, als Schweinehirt. Und er hätte gerne die Schoten gegessen, die die Schweine fraßen, aber man gab sie ihm nicht. Da erinnert er sich an seinen Vater (sein wahres Wesen). »Viele Tagelöhner meines Vaters haben Überfluss an Brot, ich aber komme hier um vor Hunger«, dachte er, und er entschloss sich, zu seinem Vater zurückzukehren. Als er nach Hause kam, fiel ihm sein Vater um den Hals, küsste ihn zärtlich und sprach zu seinen Dienern:

Bringt das beste Kleid, und zieht es ihm an. Gebt ihm einen Ring an seine Hand und Schuhe an seine Füße. Schlachtet das gemästete Kalb, und lasst uns Mahl halten und fröhlich sein! Denn dieser mein Sohn war tot und ist wieder lebendig geworden, er war verloren und ist wieder gefunden worden.
Lk 15,11

Der Mensch sucht das Glück draußen, muss aber erkennen, da ist es nicht zu finden. Das Vaterhaus in der Parabel ist unser wahres Wesen, dieser Urquell, aus dem alles Leben fließt. Der Weg dorthin führt über das Leid. Leid und Scheitern gehören zum Menschwerdungsprozess. Das ist der Grund, warum in den mystischen Traditionen das Leid eine so wichtige Rolle spielt. Meister Eckhart sagt:

Das schnellste Tier, das euch zur Vollkommenheit trägt,
ist das Leiden.

Damit ist keine Verherrlichung des Leides gemeint, wie es in der christlichen Tradition manchmal anzutreffen war. Leid bringt vielmehr eine Offenheit für den nächsten Schritt im Leben. Es gibt kaum einen Menschen, der nicht durch existenzielle Krisen gegangen wäre. Immer ist das der Zeitpunkt für eine fundamentale Neuorientierung und Veränderung des Lebens.

Der Bericht von der Versuchung Jesu durch den Teufel bei seinem Aufenthalt in der Wüste deutet eine solche Zeit der Krise an. Auch Jesus blieb davon nicht verschont. Gereinigt von falschen Erwartungen, konnte er danach an die Öffentlichkeit treten. Niemand liebt das Scheitern. Aber es weist darauf hin, dass unser Leben um unsretwillen anders weitergehen soll. Es ist letztlich die verwandelnde Kraft unseres wahren Wesens, das uns an diese Grenze führt und uns die Neugeburt schenkt. Wir sollten andere Menschen mitnehmen auf diesem Weg, aber das ist eine schwere Aufgabe.

Erlösung ist Befreiung von der Icheingrenzung. Die Religionen haben daraus eine Verewigung des Ich gemacht.

Hier noch die Erzählung von jenem Mann, der von Jerusalem nach Jericho ging und unter die Räuber fiel.

Sie plünderten ihn aus und schlugen ihn, machten sich davon und ließen ihn halb tot liegen. Zufällig ging ein Priester denselben Weg hinab. Er sah ihn und ging vorüber. Ebenso kam ein Levit an der Stelle vorbei. Er sah ihn und ging vorüber. Ein Samariter aber kam in seine Nähe, sah ihn und wurde von Mitleid bewegt. Er verband seine Wun-

den und goss Öl und Wein darauf. Dann setzte er ihn auf sein eigenes Lasttier, brachte ihn in eine Herberge und sorgte für ihn. Am nächsten Morgen gab er dem Wirt zwei Denare und sprach: Trage Sorge für ihn, und was du darüber aufwenden wirst, will ich dir erstatten, wenn ich wiederkomme.

Lk 10,29ff

Die Frage ist, ob wir eine solche Situation nur als Unglück erleben oder als Aufbruchssignal für unsere Gesellschaft sehen können. Dazu gehört oft Mut zum Neuen, weil man den Ausgang nicht im Voraus bestimmen kann. Unseren Weg durch das Labyrinth des Lebens als Reifungsprozess zu erkennen, das verdeutlicht uns die Mystik.

Man hat uns als Christen viel zu viel von Sünde, Schuld, Buße, Tod und Gericht erzählt und viel zu wenig von unserem wirklichen, zeitlosen Leben. Auferstehung beschreibt kein Erleben, das in Kategorien von Raum und Zeit einzuordnen ist. Wer Auferstehung aus der Ebene der Symbolik entlässt und sie ins Historische drängt, missversteht die Botschaft. Auferstehung wird von Menschen bezeugt, die wie Jesus die Zeitlosigkeit erfahren haben, die sich in der jetzigen Form ausdrückt. Was wir wirklich sind, kennt den Tod nicht. In diesem gewaltigen kosmischen Spiel gibt es kein Sterben, sondern nur eine Rückkehr ins zeitlose Leben.

Liebe ist die Sprache, die alle Menschen und alle Tiere verstehen.

Liebe ist das Weltbaugesetz

Die wirklich spirituellen Wege führen in die Erfahrung des Einen. Dieser Urgrund äußert sich als Liebe, als die existenzielle Erfahrung der Einheit des Lebens, als eine erlebte Verbundenheit, die selbst den Verbrecher nicht ausschließen kann. Aus dieser Liebe kann niemand herausfallen, nicht einmal der Mörder, der Terrorist oder der Kriegsverbrecher. Diese Erfahrung führt zum Mitmenschen und ist Grundlage einer Ethik der Liebe. Sie erkennt im anderen Menschen das gleiche tiefste Wesen und führt in eine universale Verbundenheit, in die Grundstruktur der Evolution. Dahin zielt alle Mystik des Ostens und Westens. Das ist die eigentliche Revolution, die uns Menschen bevorsteht: die Revolution der Liebe. In dieser Erfahrung liegt die Rettung unserer so zerrissenen Welt.

Liebe ist die Ebene der Einheit und Verbundenheit. Sie kennt kein »Ich liebe dich« oder »Du liebst mich«. Sie kann niemanden ausschließen.

Der Neurobiologe Gerald Hüther weist in seinen Büchern darauf hin, dass Lebewesen, die nicht auf dieser Ebene der Einheit zusammengefunden haben, nicht überleben konnten.

Wer nicht lieben kann, kann sich nicht öffnen und in Austausch mit anderen treten. Er kann dann auch nicht überleben, denn Leben bedarf der Gemeinschaft, der Geborgenheit, des Rückhalts. Wer in seinem Egozentrismus gefangen ist, dem droht das Schicksal der griechischen Sagengestalt des Narziss, der immer nur sich selbst im spiegelnden Wasser anschauen konnte und schließlich ertrank.

Die Erfahrung von Gemeinschaft ist der nächste Schritt in unserer menschlichen Entwicklung. Wir sind keine Einzelwesen, so wenig wie eine Welle ein Einzelwesen im Ozean ist. Zen verweist in den Koans immer wieder auf diese Tatsache.

An der Case Western Reserve University in Cleveland wurde eine sehr aufschlussreiche Studie mit 10.000 verheirateten Männern durchgeführt, die zwar keine Angina Pectoris hatten, aber im Sinne der üblichen Risikofaktoren (Stress, Mangel an Bewegung, falsche Ernährung) stark belastet waren. Nach der statistischen Wahrscheinlichkeit müssten diese Männer in den nächsten fünf Jahren zwanzig Mal häufiger an Angina Pectoris erkranken als Menschen ohne diese Risikofaktoren. Allen Männern wurde die Frage gestellt, ob sie sich geliebt fühlten. Diejenigen, die die Frage mit Ja beantwortet hatten, litten in den nächsten fünf Jahren signifikant weniger unter Angina Pectoris als die, die keine liebevolle Unterstützung durch ihre Partnerin oder ihre Mitmenschen erfuhren, obwohl alle die gleichen Risikofaktoren aufwiesen. Weitere Studien ergaben, dass Menschen, die in der Kindheit keine Zuwendung und Liebe erfuhren, im Erwachsenenalter zu einem hohen Prozentsatz anfälliger für Krankheiten waren.

Liebe ist nicht Geben und nicht Nehmen. Sie ist einfach da. Sie gehorcht nicht einem Befehl. Sie ist frei und lässt frei. Sie steigt aus der Rolle aus, aus dem Programm und aus dem Gebot. Sie kennt keinen Stolz und ist immer wieder bereit zum Neubeginn. Sie zertrümmert alles Harte und weckt alles Feine und Reine in uns. Sie säubert unsere Gedanken und bringt Klarheit in die Verwirrung. Ohne sie macht das Leben keinen Sinn, und wir finden unsere eigentliche Berufung nicht.

Wir Menschen sind Gemeinschaftswesen

Ein Pilz, eine Pflanze, ein Tier oder ein Mensch sind nur scheinbar einzelne Wesen. In Wirklichkeit sind diese Lebensformen aus vielen Zellen zusammengesetzt, die miteinander in einer besonderen, voneinander abhängigen Beziehung stehen. Sie alle zusammen formen das jeweilige lebendige Wesen, das wir dann als Fliegenpilz, als Brennnessel oder Gänseblümchen, als Schnecke oder Schimpansen oder als Mensch bezeichnen, so sagt Gerald Hüther. Die einzelnen Zellen eines Vielzellers können nicht allein überleben, und auch wir werden es in unserem Subjektivismus nicht schaffen. Aber genau dieser Subjektivismus prägt die Menschheit von heute. Die Katastrophen in der Finanzwelt, auf der Geschäftsebene und auf der politischen Ebene sind ein deutliches Beispiel dafür. »Not tut« eine neue Erfahrungsebene, die uns diese essenzielle Einheit und Verbundenheit erleben lässt.

Unser Ichbewusstsein gleicht einem Schatten, der meint, er verursache sich selbst.

Liebe ist das Grundgesetz, auf dessen Grundlage sich die Welt entfaltet. »Gott ist Liebe«, sagt die Schrift und »Wer liebt ist wie Gott«. Religionen haben kein Gebot *erfunden*, wenn sie sagen: »Du sollst deinen Nächsten lieben.« Nein! Sie verkünden nur die Grundstruktur der Evolution, und die heißt Einheit und Liebe. Nur wer über seine Ich-Grenzen hinaus leben kann, fügt sich ein ins Große und Ganze. Die Naturwissenschaft sagt uns, dass dieser Kosmos eine große Einheit darstellt, in dem es nichts Abgetrenntes geben kann, in dem jedes Atom mit jedem Atom verbunden ist.

Dieser Kosmos gleicht einem Fischernetz. Die einzelne Masche ist sehr wichtig, aber allein macht sie keinen Sinn und kann nicht bestehen. Allein gehen wir zugrunde. Viele Naturwissenschaftler erkennen inzwischen, dass unser Wissen sehr menschlich und systemintern ist und der Wirklichkeit nicht entspricht. Zen und Mystik lassen uns begreifen, dass unser Verstand vom Leben nicht mehr erkennen kann als einen Blick durch ein Schilfrohr in den Himmel. Wir leben ein sehr begrenztes menschliches Leben, das viele allerdings für zeitlos halten.

Einzig und allein die Erfahrung der universellen Liebe vermag Gier, Angst und Egozentrik zu überwinden.

Verweigerung der Selbsttranszendenz

Was wir böse nennen, hat mit Moral zunächst einmal nichts zu tun. Es meint die Verweigerung der Selbsttranszendenz, die Verweigerung, das Ego zu überschreiten. Wenn wir in die Geschichte der Evolution hineinschauen, dann bedeutete der Mangel an Selbsttranszendenz und Liebe immer die Ursache für Untergang.

Wenn der Egoismus zum Leitmotiv des Denkens, Fühlens und Handelns von immer mehr Menschen wird, ist alles möglich, nur eines nicht: die Liebe.
Gerald Hüther

Eine Spezies, die nicht gemeinschaftsfähig war, wurde in der Evolution immer ausgeschieden. Nicht ein notorischer Mangel an Intellekt, sondern mangelndes »Wissen« über die Bedeutung von Gemeinschaft und Liebe hat uns dieses gegenwärtige, weltweite Chaos beschert. Die Wiederentdeckung der alles verbindenden Kraft »Liebe«, die wir der Technisierung, Intellektualisierung und Aufklärung geopfert haben, wäre daher die Rettung unserer Spezies. Teilhard de Chardin sprach in diesem Zusammenhang von der »Amorisation«, von der »Liebe-Werdung« des ganzen Universums« als Grundtendenz der Evolution.

Die Mystik in West und Ost will uns zu unserer wahren Natur erwecken, die Geburt und Tod nicht kennt. Sterben bedeutet letztlich nur das Ablegen der Form, die wir jetzt sind. Der Tod ist ein »Kuss Gottes«, der uns zurückführt ins wahre Sein.

Egoismus – die Krebskrankheit unserer Zeit

Leider entfernen wir Menschen uns immer weiter von dieser ganzheitlichen Auffassung des Seins. Damit verfehlen wir uns gegen das Innerste der Welt. Mit unserem Egozentrismus bedrohen wir unser Überleben als Menschheit. Wenn wir nicht aufwachen, werden wir daran zugrunde gehen. Unser derzeitiges Verhalten gleicht einer Krebszelle, die nur für ihr eigenes Wachstum sorgt und damit am Ende sich selbst und den ganzen Organismus vernichtet.

Hinter jenem evolutionären Geschehen steht nicht ein personales Wesen, sondern das, was wir im Zen »Leerheit« oder in christlicher Sprache den Seinsgrund nennen. Es ist das »Nada«, das »Nichts« eines Johannes vom Kreuz. Der Verstand hat dazu keinen Zugang. Nur die mystische Erfahrung findet auf diese Fragen eine Antwort, doch es ist schwer, diese zu vermitteln. Leichter scheint dagegen, einem Blinden die Welt der Farben zu erklären. Denn dieses zeitlose Universum folgt nicht einer menschlichen Rationalität. Hinter allem steht eine »Bewusstheit«, die mit unserem menschlichen Bewusstsein nichts gemein hat. Wer durchbricht auf die mystische Ebene, erkennt, dass dieser Urgrund einer ganz anderen »Logik« folgt. Dieser Urgrund gebiert sich selbst, leidet und stirbt als all diese Formen, die in der Evolution entstehen und vergehen. Er ist nie getrennt, er ist das Inwendigste in jeder Struktur. Er kommt und geht als diese jeweilige Struktur. Er entsteht und vergeht auch als das, was ich bin.

Was wir Gott nennen, ist wie eine Symphonie.
Wir sind darin zwar eine ganz individuelle Note, einmalig, einzigartig, unverwechselbar. Aber nicht die einzelne Note ist wichtig, sondern die Musik, die als das Eine in uns und durch uns erklingt.

Entgiftung des Herzens

Die Erfahrung unseres wahren Wesens führt zu einer »Entgiftung« des Herzens. Achtsames Tun, Klärung des eigenen Geistes und die »Entgiftung« des eigenen Herzens sind das Ziel aller mystischen

Wege. Nur wer Mitgefühl, Toleranz, Liebe und Großherzigkeit erfährt, kann anderen helfen. Wer durchbricht zu der Erfahrung seines wahren Wesens, erkennt diesen Urgrund als das Geschehen, das sich als Einheit und Ganzheit vollzieht. Wir Menschen nennen diese Erfahrung Liebe. In ihr eröffnet sich eine existenzielle Verbundenheit, die nichts ausschließen kann, auch nicht das, was uns leidvoll erscheint, nicht einmal das, was wir böse nennen. Auch das Leidvolle bekommt auf der Ebene der Erfahrung eine ganz andere Bedeutung. Das aber lässt sich intellektuell nur schwer vermitteln, es lässt sich nur erfahren.

Mystik übersteigt den konfessionellen Rahmen und führt in eine Erfahrung jenseits eines Gottesbegriffes.

Unser Ich – eine Eingrenzung

Dass wir Ich und Du sagen können, macht uns zu Menschen; das ist ein gewaltiger Fortschritt in der Evolution unserer Spezies. Die menschliche Entwicklung vom Mythos zum Logos brachte eine geistige Neuorientierung des Abendlandes. Die Jahrhunderte vor Christus führten in Griechenland zu einer Explosion des Denkens. Mit Aristoteles entwickelte sich die Logik. Man könnte diese Entwicklung auch eine »Bewusstseinsexplosion« nennen: ein epochaler Umbruch zu Gunsten des Rational-Mentalen, der bis heute anhält.

Ich sage daher »ja« zu diesem meinem Menschsein. Ich lebe es in Freude und Dankbarkeit. Weltflucht ist nicht der Sinn meines

Daseins. Buddha lief im Lendenschutz herum und erbettelte sein Essen. Das spiegelt eine überholte Lebensauffassung. Wir sind heute einen Schritt weiter. Ich bin Mensch geworden, um dieser Mensch zu sein. Allerdings versuche ich, mehr von meiner Existenz zu begreifen, als mein Ich mir sagen kann.

Wir erleben einen unglaublichen Zuwachs an Wissen und damit auch an Wissen über uns selbst. Wie eine Flut stürzt dieses Wissen mittlerweile über uns herein. Es heißt, alle zehn Jahre soll es sich verdoppeln.

Doch wie gelangen wir von einer engen mental-rationalen Bewusstseinsstruktur zu einer integralen und transrationalen Sicht der Welt? Unser Ich macht uns zu diesem Menschen, der wir sind. Es gibt aber gleichzeitig eine Eingrenzung vor, die uns eine beschränkte Welt kreieren lässt.

Wir stehen als Menschheit wieder einmal vor einem epochalen Umbruch, vor einer Art zweiter kopernikanischen Wende. So wenig wie die Erde der Mittelpunkt des Weltalls ist, kann unser Ich der Mittelpunkt unserer Existenz sein. Nur eine Öffnung unserer rationalen Eingrenzung zu Gunsten eines transrationalen Begreifens wird uns weiterbringen. In dieser Öffnung zu unserem Seinsgrund liegt unsere Überlebenschance als Menschheit.

Das Universum tanzt einen vollkommenen Tanz. Was unser Ich als Chaos erfährt, ist der Tanz dieses Seinsgrundes, der unseren Verstand übersteigt.

Der Gang durchs Labyrinth

Unser Leben gleicht einem Gang durch ein Labyrinth. Oft hat man im Labyrinth das Gefühl, man entferne sich von der Mitte. Wer aber auf dem Weg bleibt, erreicht sicher die Mitte, auch wenn der Weg zwischendurch wieder nach außen führt. Unser Leben bleibt eine Zeit der ständigen Neuorientierung, bis wir erkannt haben: Wir sind von der Mitte her geführt.

Unser Leben ist ein Gang durch ein Labyrinth. Wer in der Spur bleibt, kommt sicher in die Mitte, auch wenn der Weg manchmal nach außen führt.

Nackt und schutzlos sind wir manchmal einer Situation ausgeliefert. Ein Abgrund, der sich als Sinnlosigkeit und Nichts offenbart, tut sich plötzlich auf: ein lähmender Sog, der uns alle Lebenskraft aussaugen will. Einen solchen Zustand als Wachsen und Reifen zu begreifen, ist nicht leicht. Aber ich traf in meinem Leben viele, meist ältere Menschen, die mir sagten:

Was ich damals als Unglück ansah,
war für mich in Wirklichkeit der Beginn meiner Menschwerdung.
Ich bin dankbar dafür.

In der Ruhe, die uns in Krisenzeiten gleichsam auferlegt wird, taucht das auf, was in der Unruhe des Suchens nicht zu finden war. Wir merken, dass wir weniger tun und suchen müssen, um mehr zu dem zu kommen, was wir sind. Wir können nichts gewinnen, ohne etwas zu verlieren. Wir verlieren nur das, was uns bis jetzt am Leben gehindert hat. Der Sohn, der vom Vaterhaus wegläuft, muss erkennen, dass das wirkliche Leben nicht draußen liegt.

Wir tragen das Gesicht des Einen, dem wir entstiegen sind. Es lässt sich auch hinter dem Bösen nicht verbergen.

Bekenntnis

Das EINE ist meine wahre Natur und die aller Wesen.
Es ist zeitlos und unwandelbar, es entfaltet sich in der Zeit.
Es offenbart sich als diese Form, die ich bin.
Es entstand nicht bei meiner Geburt und vergeht nicht im Tod.
Es ist weder gut noch böse und mit nichts vergleichbar.
Es ist non-dual und wie der Ozean,
der unverändert bleibt, auch wenn er Millionen von Wellen wirft.

Dieses EINE ist der Urgrund aller Dinge. Es ist unendlich.
Es hat nie angefangen, denn es kennt keine Zeit.
Daher hört es niemals auf. Es lässt sich nur erfahren.

Es ist gleichsam der »Zeuge«, der hinter allen Handlungen steht.
Dieser »Zeuge« ist mein wahres Wesen.

Er/Es übersteigt alle Theologie, Philosophie, Theodizee
und Metaphysik.
Er/Es hat nichts mit Glauben zu tun.
Er/Es ist das grenzenlose, absolute Jetzt.

Aus diesem absoluten Jetzt
steigen die vielen Formen und Wesen des Universums wie aus
einem abgrundtiefen,
nie versiegenden Brunnen.

Dionysius nennt es die »Erste Ursache«.
Er hat es wunderbar beschrieben:

»Die erste Ursache von allem ist weder Sein noch Leben,
denn sie ist es ja gewesen, die Sein und Leben erst
erschaffen.

Die erste Ursache ist auch nicht Begriff oder Vernunft, denn sie ist es ja gewesen, die Begriffe und Vernunft erschaffen.

Nichts in dieser Welt ist die erste Ursache.
Denn alles in dieser Welt ist ja von ihr erschaffen.

Und dennoch ist sie keineswegs ohne Macht:
Denn sie hat doch alles erschaffen, alles ins Sein gerufen, was ist.

Und Schöpfung, Ruf ins Sein braucht eine Macht, damit auch wirklich etwas entsteht.

Und dennoch ist diese erste Ursache auch keine Macht.
Denn sie ist es ja gewesen, die Macht erst erschaffen.«

Immer neue Formen steigen aus dem Einen auf.
Es ist die Ursache der Ursache der Ursache,
aber nicht im Sinn von Ursache und Wirkung.
Das wäre eine lange Kette. –

Es ist das »Nichts«, das sich immer wieder neu ausformt.
Alle Dinge und alle Lebewesen und auch wir Menschen bestehen aus dem reinen, ursprünglichen Nichts.

Wir sind eine Form des Nichts, wie ein goldener Ring die Form des Goldes ist.

Ring ist nicht Gold und Gold ist nicht Ring.
Als Ring aus Gold sind sie eins.

Das Gold gibt ihm die Existenz, bleibt aber davon unberührt.

So bestehen Menschen, Tiere, Bäume, Blumen, Steine, Wasser, Berge, Planeten, Monde, Sonnen, Spiralnebel, wir selbst, unsere Gefühle, Gedanken und Intentionen aus dem EINEN.

»Das Eine« ist gleichsam unser Familienname.
Wir sind alle von dieser »einen Familie«.
Es ist der Nenner, an dem alle Zähler partizipieren.

Da wir dieses Eine sind,
sind wir auch nicht entstanden und werden nicht vergehen.
Wir sind unserm Wesen nach ungeboren und unsterblich.
Wir sind immer schon da!

Unsere Form ändert sich, und zwar täglich!
So wie die Wellen immer ihre Form verändern
und doch der gleiche Ozean bleiben.
Es ist nicht mehr die gleiche Welle,
aber immer das gleiche Wasser.

Das Eine bleibt sich immer gleich und wandelt sich nie.
Die äußere Form wird sterben – aber was wir zutiefst sind,
ist unvergänglich und unzerstörbar.

Meister Bassui beschreibt es ähnlich wie Dionysius:

»Es entsteht nicht bei der Geburt,
und es verschwindet nicht im Tod.
Es ist weder männlich noch weiblich.
Es ist weder gut noch böse.
Es ist mit nichts vergleichbar.
Es grenzt sich nur ein in diese Form.
Es geht im Tod nicht unter, es verliert nur diese Form.«

Auch wenn Menschen immer wieder Erinnerungen haben,
als hätten sie schon einmal oder gar mehrmals gelebt,
wäre es immer nur dieser Seinsgrund,
der die vielen Erfahrungen macht.

Die äußere Form wird sterben,
aber was wir wirklich sind,
kennt keine Zeit.

Wir tragen sein Gesicht.
Es lässt sich auch hinter dem Bösen nicht verbergen.

Wenn du dort ankommst,
wirst du es wiedererkennen.
Es ist dir urvertraut.

Dann wirst du wissen, dass es immer dasselbe war,
schon vor deiner Geburt, vor der Geburt deiner Eltern,
vor endlosen Zeitaltern.

Die Welt kann ruhig untergehen.
Auch als Untergang manifestiert sich das EINE.

Untergang ist nie Untergang,
sondern Fortgang auf einer anderen Ebene,
ein Neuanfang.

In der tiefen spirituellen Erfahrung wird uns gewahr,
dass ES selbst ganz still ist
und nur die äußeren Formen kommen und gehen.

Dann endlich erkennen wir,
dass wir uns immer schon gekannt haben,
und entdecken, dass wir wieder gefunden haben,
was wir immer schon wussten und nur vergaßen.

Es gibt nur
das zeitlose Jetzt.

Unermüdlich nach dem Geheimnis suchen

ANSELM GRÜN

Spuren des Göttlichen in meinem Leben

Als Kind erlebte ich in unserer Familie das Kirchenjahr mit seinen Festen intensiv mit. Offensichtlich war ich tief angerührt von der Liturgie von Weihnachten, von der Karliturgie und der Osterfeier, aber auch von der täglichen Maiandacht im Monat Mai. Ich habe das nicht nur äußerlich mitgemacht. Das Heilige, das Numinose, das Wunderbare hat mich immer schon berührt und fasziniert. Ich war ergriffen etwa von den alten Gesängen zur Kreuzverehrung und dem Ritus, die Schuhe auszuziehen und nur mit Socken sich dem Kreuz zu nähern und es zu küssen. In den Fünfzigerjahren gab es ja noch die vorkonziliare Liturgie. Unser Pfarrer Alois Gierlinger konnte zwar nicht besonders gut predigen, und als Jugendliche haben wir oft über seine Predigten gelästert. Aber er war ein guter Sänger. Und er hatte ein Gespür für das Geheimnis der Liturgie.

Als kleines Kind war ich natürlich immer fasziniert von der Weihnachtsfeier daheim. Wenn wir Kinder da oben in unseren Zimmern warten mussten, bis die helle Glocke ertönte, war ich voller

Spannung. Ich dachte wirklich, dass Christus in unser Haus eingekehrt sei. Wenn ich dann in das Zimmer mit den vielen brennenden Kerzen am Christbaum trat, lief ein Schauder über mich. Dann las mein Vater mit seiner ernsten Stimme das Weihnachtsevangelium vor und wir sangen »Stille Nacht«. Das war nicht nur ein romantisches Gefühl. Da war ich innerlich berührt.

Besonders ernst habe ich die Erstkommunion genommen. Die äußere Feier war nicht so wichtig. Vielmehr war ich fasziniert, dass Christus selbst zu mir kam. Ich weiß nicht mehr genau, wie ich damals das Geheimnis der Eucharistie verstand. Aber es war für mich eine besondere Würde, Gott in mich aufzunehmen, mit Gott eins zu werden, in Gott zu sein. Und wir haben ja damals nach dem Kommunionempfang immer die Hände vor die geschlossenen Augen gehalten, um dieses Geheimnis zu meditieren. Was ich damals gedacht habe, weiß ich nicht mehr. Mir fehlten die Worte, das Geheimnis der Kommunion auszudrücken. Aber der Kommunionempfang hat mich auf jeden Fall tief bewegt.

Nach der Erstkommunion habe ich dann mit meinem Vater zum ersten Mal darüber gesprochen, dass ich mir auch überlege, ob ich nicht Priester werden könnte. Das Priesterliche hat mich damals angezogen. Was es genau war, was mich daran anzog, weiß ich nicht mehr. Aber ich glaube, es war das Numinose. Das ist natürlich nach unserem aktuellen Priesterverständnis eher ein konservatives Priesterbild. Aber auch heute ist für mich das Bild des Priesters als »Hüter des Heiligen« prägend. Es kommt nur darauf an, wie ich es deute. Mein Vater organisierte dann, dass ich ins Internat nach St. Ludwig kam. Dort hatte die Abtei Münsterschwarzach ein Priorat mit einem Internat für die ersten drei Gymnasialklassen. Im Internat feierten wir jeden Morgen Eucharistie. Das war für mich nicht zu viel. Ich war immer ganz dabei. Und ich war fasziniert, wenn wir als Schüler dann in der Abtei

Münsterschwarzach am Konventamt oder an der Vesper am Sonntagnachmittag teilnahmen. Vor allem hat mich der Gesang des »Rorate coeli« in der Adventszeit berührt.

Damals prägte mich ein sehr herausforderndes Gottesbild: Gott verlangt von mir, dass ich meine Fehler überwinde und mich ganz und gar von seinem Geist erfüllen lasse. In dieser Zeit war ja das asketische Ringen sehr auf die Sexualität fixiert. Sie galt es zu beherrschen. In diesem Zusammenhang erinnere ich mich gerne an die Radtouren, die ich mit meinen Brüdern und Vettern in den Ferien unternahm. Wir fuhren den Fernpass hinauf. Und ich hielt es durch, nicht abzusteigen und zu schieben. Bei jedem Tritt sagte ich mir: Ich kämpfe mich durch. Ich kämpfe alle meine Fehler und Schwächen nieder. Später hat mich dieser Ehrgeiz dann auch an meine Grenzen gebracht. Aber in der Pubertät war er eine große Kraft, mich mit mir und meiner Sexualität auseinanderzusetzen. So war das Treten der Pedale letztlich ein innerer Dialog mit Gott, für den ich kämpfte.

Da ist etwas, was größer ist als ich selbst, etwas Numinoses, dem ich diene, da ist Gott selbst unter uns und wirkt an uns.

Spuren des Göttlichen habe ich immer wieder erlebt. Ich erinnere mich noch gut, wie ich als junger Mönch in der Karwoche durch den Park ging und die Abschiedsreden Jesu meditierte. Da spürte ich für einen Augenblick: Ja, das ist die Wahrheit. Das sagt Jesus, der als Erhöhter bei Gott ist, jetzt zu mir. In diesen Worten spürte ich das Geheimnis seiner Person. In der Meditation hatte ich immer wieder einmal das Gefühl: Ja, er ist da. Ich bin erfüllt von seinem Geist, von seiner Liebe. Wenn er in mir ist, komme ich mit all meinen Bedürfnissen und Sehnsüchten zur Ruhe. Da habe ich alles, wonach ich verlange.

Es war aber nicht nur in der Stille, dass ich Gott erfahren habe, sondern auch in einem bewegten Jugendgottesdienst in der Silvesternacht. Da haben wir von neun Uhr abends bis halb drei oder drei Uhr in der Nacht Gottesdienst gefeiert. Und ich spürte oft unter den Jugendlichen die Nähe Gottes, das Ergriffensein von etwas Numinosem. In solchen Augenblicken war ich voller Dankbarkeit. Ich spürte: Ich als Priester kann das nicht »machen«. Da ist etwas, was größer ist als ich selbst, etwas Numinoses, dem ich diene, da ist Gott selbst unter uns und wirkt an uns.

Ich wurde Mönch und bleibe es

Ich habe es gerade erzählt: Schon mit zehn Jahren bewegte mich der Gedanke, Priester zu werden. Als ich das meinem Vater erzählte, fragte er mich, ob ich Welt- oder Ordenspriester werden möchte. Ich wusste damals gar nicht, was ein Ordenspriester ist. Ich fragte dann spontan, wie viel denn ein Kaplan verdiene. Mein Vater meinte, 100 DM im Monat. Da meinte ich, das sei mir zu wenig, dann würde ich lieber Ordenspriester. Das war sicher kein tragendes Motiv. Der Bruder meines Vaters war Benediktiner in Münsterschwarzach: Pater Sturmius Grün. Mein Vater organisierte dann mit seinem Bruder, dass ich ins Internat nach St. Ludwig und später nach Münsterschwarzach kam und dann die letzten vier Jahre in St. Benedikt in Würzburg studieren konnte. Da damals mein Vater mit seiner Firma Konkurs anmelden musste, weil durch die Wirren der Währungsreform viele Kunden nicht zahlten, ermöglichte mir die Abtei zu einem kleinen Betrag den Aufenthalt im Internat.

Während ich dort lebte, war es für mich eigentlich klar, dass ich hier als Benediktiner eintreten würde. Damals stand für mich das Missionarische im Mittelpunkt. Natürlich gab es da in der Pubertät und auch kurz vor dem Abitur immer wieder Krisen in der Berufung und Fragen, ob ich nicht besser heiraten und Naturwissenschaftler werden sollte. Damals hat mich die Biologie sehr interessiert. Ich hatte mir zu Weihnachten ein Mikroskop gewünscht, mit dem ich alle möglichen Forschungen betrieb.

Vor dem Abitur habe ich mich dann doch entschlossen, in die Abtei einzutreten. Während des Noviziates hatte ich eine gute Ausbildung bei unserem Novizenmeister P. Augustin Hahner. Trotzdem zweifelte ich immer wieder, ob das Kloster der richtige Ort für mich sei. Ich war sehr leistungsorientiert. Ich wollte etwas leisten für die Kirche, für die Mission. Ich wollte möglichst weit weg von der Heimat. Korea hat mich angezogen. Und ich war sehr ehrgeizig, asketisch weiterzukommen. Nach dem Noviziat habe ich dann Philosophie in St. Ottilien studiert, an unserer eigenen Ordenshochschule. Da habe ich voller Eifer alle möglichen Bücher durchgearbeitet, angefangen von Thomas von Aquin bis Martin Heidegger, Albert Camus und Karl Jaspers. Ich wollte nach dem Studium die Botschaft Jesu in einer neuen Sprache verkünden. Damals fühlte ich mich immer wieder hingezogen zu den Jesuiten, denn die hatten die besten Theologen, auch solche, die Theologie und Naturwissenschaft miteinander verbanden.

Zu jener Zeit wechselte ich mit meinem Onkel P. Sturmius viele Briefe. Ich habe ihm von meiner Neigung geschrieben, Jesuit zu werden. Die Gemeinschaft in Münsterschwarzach kam mir zu bieder und kleinkariert vor. Zur Zeit des Konzils waren die Jesuiten die Meinungsführer in der Theologie. Von Münsterschwarzach gingen da kaum Impulse aus. Mein Onkel verteidigte in seinen

Briefen immer wieder die Gemeinschaft von Münsterschwarzach und das benediktinische Mönchtum. Ich brauchte seine Bestärkung auf meinem Weg, um meine Zweifel zu überwinden. Nach dem Studium der Philosophie kam ich dann nach Rom und habe dort mit gleich großem Eifer Theologie studiert. Ich lieh mir in der Bibliothek immer wieder neue Bücher aus. Und in der deutschen Bibliothek des Goetheinstituts besorgte ich mir moderne deutsche Literatur. So arbeitete ich beispielsweise auch Ernst Blochs Buch *Prinzip Hoffnung* durch.

Doch damals überwältigte mich eine persönliche Krise. Ich spürte, dass ich nicht alles mit meinem Willen und mit Askese »machen« konnte. Ich kam mit meinen Gefühlen und Bedürfnissen in Berührung. Das hat mich erst einmal verunsichert. Dazu kam die Studentenrevolution 1968, die auch im Kloster ihre Auswirkungen hatte. Wir jüngeren Mönche stellten das Leben im Kloster in Frage. Wir suchten andere Wege: Zen-Meditation, Gruppendynamik und die Psychologie von C. G. Jung. Ein wichtiger Begleiter wurde uns Graf Dürckheim, der die Jung'sche Psychologie mit der Zen-Meditation verband, aber auch ein feines Gespür für die Werte des Mönchtums hatte. Das war eine sehr unruhige Zeit. Aber im Nachhinein sehe ich, wie wichtig sie für uns war. Wir – eine Gruppe junger Mönche wie P. Fidelis, P. Meinrad, P. Udo und ich – haben mit der Brille der Jung'schen Psychologie die alten Schriften der Mönchsväter studiert und eine neue Sprache gefunden, um die Erfahrungen der frühen Mönche uns heute nahe zu bringen.

In dieser langen Zeit des Suchens und der Krise wurde für mich Leistung auf einmal nicht mehr so wichtig. Da ist mir neu aufgegangen, dass das benediktinische Leben in seiner Spannung von Gebet und Arbeit, von Gemeinschaft und Einsamkeit, von innen und außen mir guttut. Dieses Leben hält mich auf Gott hin lebendig und auf die Menschen hin sensibel. In der Gemeinschaft erfahre ich mich selbst in meinen Gefährdungen, und ich erlebe die menschlichen Konflikte und Schwächen hautnah mit. Das bewahrt mich vor spirituellen Höhenflügen. Ich bin jetzt alles in allem neunundvierzig Jahre im Kloster und empfinde die Abtei als meine Heimat. Wenn ich in unserer Bachallee spazieren gehe, dann fühle ich mich daheim. Ich erinnere mich natürlich an viele Gänge in dieser schönen Allee.

Und ich erinnere mich auch daran, dass ich als Schüler von P. Willigis Jäger hier in der Bachallee im Sport die 1000 Meter gelaufen bin. Manche meiner Mitschüler waren besonders schlau. Sie haben sich unterwegs hinter Büschen versteckt und sind dann die letzten 100 Meter wieder mitgelaufen. Doch P. Willigis war schlauer. Er hat sich genau gemerkt, wer an der 500 Meter-Marke, die er einsehen konnte, vorbeigelaufen und umgekehrt ist. So verbinde ich mit dieser Bachallee schon fünfundfünfzig Jahre an Erinnerung.

Als ich nach meiner Priesterweihe und dem Doktorat in Theologie nach Nürnberg kam, um dort Betriebswirtschaft zu studieren, wohnte ich bei den Franziskanern. Da merkte ich, wie sehr mir das Chorgebet fehlte. Die täglichen Stundengebete, die wir in der Abtei singen, sind für mich auch zur Heimat geworden. Besonders liebe ich den gregorianischen Choral. Während meines Studiums in Rom durfte ich in der Schola singen, die P. Godehard Joppich geleitet hat. Er hat mit seinem Lehrer P. Cardine aus Solesmes eine ganz neue Art entwickelt, Choral zu singen. Es war für uns ein sehr existenzielles Singen, in dem wir die wichtigsten Grunderfahrungen des Menschen in seinem Ringen mit Gott zum Ausdruck brachten. P. Godehard hat dann nach meinem Studium auch in der Abtei die Schola geleitet und die Kultur des Singens stark geprägt. Da ist mir die spirituelle Kraft des Chorals aufgegangen. Die frühen Mönche haben die Choralnoten mit Neumen versehen. Wenn ich sie studiere, spüre ich, wie sie die Worte der Bibel verstanden haben, was ihnen daran persönlich wichtig war. Und so wird das Singen des gregorianischen Chorals für mich bis heute zu einer intensiven Meditation der biblischen Worte. Die Worte – so sagen die frühen Mönche – führen uns zum wortlosen Geheimnis Gottes, in den Raum der Stille, in dem Gott jenseits aller Worte in uns wohnt. Das gilt für mich besonders auch für den Choral, der – so meint ein französischer Kirchenmusiker – die Kunst beherrscht, das Schweigen hörbar zu machen.

Wenn ich mein Leben jetzt mit achtundsechzig Jahren im Rückblick betrachte, würde ich auf jeden Fall wieder in die Abtei Münsterschwarzach eintreten. Ich fühle mich mit der Abtei verbunden. Und ich bin dankbar, dass mein Leben gerade als Mönch dieser Abtei so fruchtbar geworden ist. Die Bedenken, die mir in den ersten Klosterjahren kamen, dass ich vor lauter Tätigkeit nach innen nicht zu meiner missionarischen Berufung kommen könnte, sind längst verflogen. Heute muss ich eher das Abgeschiedensein in der Klausur verteidigen, damit ich durch die vielen äußeren Anfragen nicht meiner eigentlichen Mönchsberufung entfremdet werde.

Die Worte – so sagen die frühen Mönche – führen uns zum wortlosen Geheimnis Gottes, in den Raum der Stille, in dem Gott jenseits aller Worte in uns wohnt.

Ich fühle mich gerufen und berufen

In meinem Leben waren es immer wieder Menschen, die mich herausgelockt haben, meine eigene Berufung zu finden. In den ersten Klosterjahren war ich von dem amerikanischen Trappisten Thomas Merton fasziniert. Von ihm habe ich gelernt, die Kontemplation mit einem Einsatz nach außen zu verbinden. Er hatte ja einen großen Einfluss in der amerikanischen Öffentlichkeit und auch in der Widerstandsbewegung gegen den Vietnamkrieg. Er hat mir Mut gemacht, meine eigenen Gefühle anzuschauen und sie vor Gott zuzulassen.

Als ich bei Graf Dürckheim war, habe ich mich mit Eifer in die Schriften von C. G. Jung vertieft und seine gesammelten Werke gelesen. Von Jung habe ich gelernt, die Symbole der Bibel und der Liturgie, aber auch die Sprache der Dogmatik besser zu verstehen. Alle Aussagen der Bibel und der Theologie betreffen immer auch den Menschen. Sie haben immer auch mit mir zu tun. Schon während des Theologiestudiums war für mich eine wichtige Frage, wie ich Erlösung verstehen kann. Ich habe meine Lizentiatsarbeit 1971 zum Thema geschrieben: *Erlösung durch das Kreuz bei Paul Tillich*. Dann wollte ich an diesem Thema weiterarbeiten. Aber da bereits ein anderer über Tillich promovierte, schrieb ich meine Doktoratsthese über Karl Rahner: *Erlösung durch das Kreuz. Karl Rahners Beitrag zu einem heutigen Erlösungsverständnis*. Karl Rahner hat mich natürlich mit seiner profunden Kenntnis der theologischen Tradition, aber auch der modernen Philosophie beeindruckt. Doch mir war es gerade im Dialog mit C. G. Jung wichtig, Erlösung als etwas zu verstehen, das an mir heute geschieht. Es ist immer auch ein psychologischer Prozess der Erlösung, der in mir abläuft. Trotzdem wird er in Gang gesetzt durch ein Geschehen außerhalb von mir, durch das Leben und Wirken Jesu, durch seine Worte, durch sein heilendes Wirken und durch seinen Tod und seine Auferstehung.

In der Auseinandersetzung mit Karl Rahner, Paul Tillich und C. G. Jung ist in mir ein neues Verständnis von Dogmatik gewachsen. Und ich fühle mich berufen, dieses neue Verständnis den Menschen heute zu vermitteln. Dogmatik ist für mich nicht sterile Besserwisserei, sondern die Kunst, das Geheimnis offen zu lassen. Die oft paradoxen Aussagen der Dogmatik wollen das Geheimnis des unbegreiflichen Gottes erfahrbar machen. Und alle Aussagen der Dogmatik sind letztlich auch Beschreibungen unserer Erlösung. Psychologisch betrachtet, bedeutet das für mich: Bei den dogmatischen Aussagen geht es immer um die Frage, wie Selbstwerdung und Menschsein gelingen.

Ich möchte das verdeutlichen am Beispiel des Dogmas von Maria, die ohne Erbsünde empfangen wurde. Maria ist in der Dogmatik immer Typos des erlösten Menschen. Hier wird also etwas von uns ausgesagt. Die Aussage lautet: Bei aller Schuld, in die wir immer wieder geraten, gibt es in uns auf dem Grund unserer Seele einen Raum, der ohne Schuld ist, der klar und rein ist, zu dem die Schuldgefühle keinen Zutritt haben. Es ist letztlich eine therapeutische Aussage, von der das Gelingen unserer Menschwerdung abhängt. Bei Borderline-Klienten beobachte ich, dass sie – je mehr sie in sich hineinhorchen – das Gefühl haben, es würde immer dunkler, chaotischer und sündiger.

Sie haben den Eindruck: Wir sind schlecht, schuldig, Sünder. So müssen sie vor sich davonlaufen. Nur wenn wir wissen, dass unterhalb der Schuld, die wir alle immer wieder auf uns laden, ein Raum ohne Schuld ist, können wir unsere eigene Identität entfalten, können wir wahrhaft Mensch werden.

Das gilt letztlich von allen dogmatischen Aussagen. Sie stehen immer für ein Ringen um gelingende Menschwerdung. Theologisch ausgedrückt: Es geht in allen dogmatischen Aussagen um das Geheimnis der Erlösung. Wie kann ein Mensch, der gefangen ist in seinen Verletzungen und Lebensmustern, in seiner Orientierungslosigkeit und Sinnlosigkeit, erlöst werden, frei werden, heil werden? Es wäre interessant, alle Dogmen auf diese beiden Aussagen hin neu zu überdenken: zum einen das Geheimnis Gottes und des Menschen zu wahren, und zum zweiten das Gelingen der Selbstwerdung und Menschwerdung zu ermöglichen und zu behüten.

In den Achtzigerjahren des letzten Jahrhunderts habe ich gerne die Bücher von Eugen Drewermann gelesen und darin viele Anregungen für meine Theologie und Bibelauslegung bekommen. Doch dann sah ich bei Drewermann auch die Gefahr, sich selbst absolut zu setzen. Das war für mich immer ein Spiegel, in den ich hineingeschaut habe, um zu entdecken, ob ich nicht ähnliche Tendenzen habe.

Gleichzeitig mit Drewermann vertiefte ich mich gerne in die Bücher von Henry Nouwen. Ihm bin ich auch zweimal persönlich begegnet, einmal bei einem Treffen in einem kleinen Kreis von Theologen und Psychologen und dann bei der Einweihung des Recollectiohauses im Jahre 1991 in der Abtei Münsterschwarzach. An ihm hat mich seine Ehrlichkeit fasziniert. Und er hatte eine barmherzige und wärmende Sprache, um die biblischen und liturgischen Texte in unser Leben zu übersetzen.

Dogmatik ist für mich nicht sterile Besserwisserei, sondern die Kunst, das Geheimnis offen zu lassen.

Meine Berufung ist aber nicht nur an den Personen gewachsen, die mich durch ihre Theologie oder Psychologie fasziniert haben. Ich wurde auch gerufen: von meinem Abt. 1974 hatte ich gerade in Dogmatik promoviert. Da rief mich der Abt zu sich und eröffnete mir, ich solle Cellerar werden. Der Mitbruder, der dafür bestimmt war, war gerade ausgetreten. Nun war der Abt in Not. Mich traf diese Bitte in einer Situation, in der ich selbst nicht so stabil war. Und die erste Reaktion in mir war Widerstand und Enttäuschung. Cellerar sein, das bedeutet, sich mit rein wirtschaftlichen Dingen zu beschäftigen, kaum Zeit für die Theologie zu haben und mein Wirken fast ausschließlich nach innen in die Abtei zu richten. Doch dann habe ich mit den jungen Mitbrüdern gesprochen, die die gleiche Wellenlänge hatten wie ich. Und sie baten mich, diesen Ruf anzunehmen. Denn die Gemeinschaft insgesamt steckte damals in einer Krise. Einige junge Mitbrüder waren ausgetreten, und mit der Kommunikation untereinander lief es nicht sehr gut. Als Cellerar hat man jedoch Einfluss auf die Zusammenarbeit und die ganze Ausrichtung der Abtei.

So nahm ich den Ruf an und stürzte mich voller Eifer in diese Aufgabe. Ich habe auch da neue Wege versucht, wie ich mit Mitbrüdern und Mitarbeitern umgehe. Wir führten regelmäßige Besprechungen mit den Meistern und Handwerkern ein. Am Anfang war das nicht so einfach. Aber dann ist doch ein gutes Miteinander gewachsen. Das Arbeitsklima und das Klima in der Gemeinschaft haben sich verbessert. Zusammen mit P. Fidelis, der dann 1982 zum Abt gewählt wurde, habe ich daran gearbeitet, von der nüchternen Arbeit und der Kommunikation im Arbeitsbereich aus die Spiritualität der Gemeinschaft zu vertiefen.

Der Drang, nach außen zu wirken, war aber trotzdem immer auch in mir. So konnte ich gerade als Cellerar eine lebendige Jugendarbeit aufbauen. In der Karwoche und über Silvester und an Pfingsten kamen damals zwischen zweihundert und dreihundert Jugendliche aus ganz Deutschland zu uns. Die vielen jungen Menschen haben auch der Gemeinschaft gutgetan und ihr neue Zuversicht geschenkt. Die Kar- und Osterliturgie wurde auch von den jungen Menschen mitgetragen und gewann durch sie an Lebendigkeit.

Und ich widmete meine freie Zeit immer auch den Büchern. Ich las viel und fing an zu schreiben. So konnte ich trotz der Tätigkeit nach innen doch sehr viel nach außen wirken. Zu meiner Aufgabe als Cellerar kamen dann immer mehr Vorträge. Ich traf auf wirtschaftliche Kreise, wurde von Banken und Firmen zu Vorträgen und Kursen eingeladen. Da spürte ich, dass eine neue Berufung wuchs. Hätte ich das Amt des Cellerars als junger Mönch abgelehnt, wäre diese fruchtbare Tätigkeit nicht möglich geworden.

Meine Kraftquellen

Die Kraftquellen, aus denen ich schöpfe, finden sich für mich vor allem im Rhythmus des Mönchslebens mit seinen stillen Zeiten, mit dem regelmäßigen Stundengebet und der täglichen Meditation. Auch wenn ich auswärts einen Vortrag halte, fahre ich nachts wieder heim und nehme – wenn es nicht zu spät wird – immer am Frühchor um 5.05 Uhr teil. Danach meditiere ich für mich allein vor einer Christusikone. Ich habe 1969 mit Zen-Meditation angefangen und sie einige Jahre praktiziert. Dann beschäftigte ich mich mit dem Jesusgebet. Das ist seit fast vierzig Jahren mein persönlicher Übungsweg. Ich setze mich nach dem Frühchor auf den Meditationshocker in meiner Gebetsecke, zünde vor der Christusikone eine Kerze an und verbinde den Atem mit dem Jesusgebet. Das Jesusgebet führt mich in den inneren Raum der Stille.

Dieser Raum der Stille ist aber für mich nicht ein Raum der Leere, wie es die Zenmeister sagen, sondern ein Raum der Liebe. Allerdings ist Liebe hier nicht nur Gefühl. Liebe ist für mich vielmehr eine Qualität des Seins. Der Grund allen Seins, der Grund meiner Seele ist Liebe. Und wenn ich in diesen Raum der Liebe vordringe, dann bin ich in Gott und Gott ist in mir. So hat es uns der 1. Johannesbrief zugesagt (4,16).

Eine andere Kraftquelle liegt für mich in der Natur. Ich bin gern in der Natur. Wenn es geht, mache ich am Sonntagnachmittag nach dem Mittagsschlaf eine kurze Wanderung durch die Bachallee. Und im Urlaub ist es für mich wichtig, mit meinen Geschwistern in den Bergen zu wandern. Dabei brauche ich auch viel Stille. Ich kann mich nicht ständig unterhalten. Ich gehe gerne schweigend. Dann nehme ich einfach die Schönheit der Natur wahr, aber auch ihre Kraft und Lebendigkeit. Und ich spüre, dass sie ganz und gar von Gottes Geist durchdrungen ist, der mich eben durch die Natur berührt.

Der Raum der Stille ist für mich nicht ein Raum der Leere, wie es die Zenmeister sagen, sondern ein Raum der Liebe.

Auch Musik ist für mich eine Kraftquelle. Am Sonntag gönne ich es mir oft, eine Bachkantate zu hören. Dann lege ich mich aufs Bett und höre mit dem Kopfhörer diese wunderbare Musik. Da berührt mich das Wort der Bibel auf neue Weise. Während meiner vielen Autofahrten höre ich auch Bachkantaten oder Mozartmessen oder Instrumentalmusik von Mozart, Händel, Bach oder anderen Komponisten: für mich immer eine Quelle der inneren Erfrischung.

Auch das Schreiben schenkt mir Kraft. Es zehrt nicht, sondern gibt mir Energie. Denn im Schreiben versuche ich, meinen eigenen Gedanken Klarheit zu verschaffen.

Und während ich schreibe, spüre ich immer wieder den Impuls, da oder dort nachzulesen, bestimmten Themen nachzugehen und sie für mich zu klären. Beim Schreiben kommen mir neue Gedanken. Schreiben hält mich lebendig. Es hält mein Suchen nach dem Geheimnis Gottes und des Menschen wach.

Freundschaften mit Mitbrüdern und mit Männern und Frauen außerhalb des Klosters sind für mich ebenfalls eine Quelle, aus der ich schöpfe. Das Gespräch mit Freunden regt mich an. Ich kann ihnen erzählen, was mich gerade beschäftigt. In der Begegnung mit Freundinnen erfahre ich die inspirierende Kraft der Frau.

Auch meine Familie ist für mich eine Art Quelle. Den Urlaub verbringe ich gerne mit meinen Geschwistern. Mit ihnen wandere ich eine Woche lang in den Alpen. Anschließend verbringe ich mit meiner Schwester und meinem Bruder je eine Woche. Die Gespräche, die Wanderungen durch die Natur, das Miteinander-Feiern, all das tut mir gut. Ich fühle mich in der Familie daheim. Natürlich erlebe ich während des Jahres die klösterliche Gemeinschaft als meine Familie. Trotzdem bin ich dankbar für meine Herkunftsfamilie, in der wir sieben Geschwister uns gegenseitig stützen und stärken.

Diener – Heiler – Meister – Priester – Guru

Von diesen fünf Begriffen nehme ich für mich nur zwei in Anspruch: Diener und Priester. Die anderen drei Begriffe sind mir zu groß. Ich sehe da die Gefahr, mich aufzublähen, oder wie C. G. Jung das sagt: mich mit archetypischen Bildern zu identifizieren und dabei meine eigenen Bedürfnisse und Schattenseiten zu überspringen. Ich habe erlebt, dass Priester sich als Heiler verstanden und unter dem Deckmantel dieses archetypischen Bildes nur ihre eigenen Bedürfnisse nach Nähe ausagiert haben. Und ich habe Gurus gesehen, die mit diesem Bild ihre eigenen Machtbedürfnisse verdeckt und sich in Vorstellungen von Unfehlbarkeit hineingesteigert haben.

Den Begriff des Dieners erfahre ich vor allem in meiner Aufgabe als Cellerar, aber auch als Seelsorger und Begleiter von Menschen. Dienen heißt für mich: dem Leben dienen, Leben hervorlocken in den Menschen, Leben wecken. Das geschieht einmal in meiner Führungsaufgabe. Da spüre ich immer wieder, dass es nicht um Macht geht, sondern ums Dienen. Ich diene den Mitbrüdern und Mitarbeitern, damit sie sich alle auf unsere gemeinsame Aufgabe einlassen, damit sie mit ihren eigenen Fähigkeiten in Berührung kommen. Und ich diene, damit die Mitbrüder sich nicht um die materiellen Dinge sorgen müssen, sondern ihre missionarische Berufung leben können. Und mein Dienst besteht darin, dass dreihundert Mitarbeiterinnen und Mitarbeiter täglich gerne zur Arbeit kommen, dass sie sich als Menschen geschätzt fühlen und sich in der Arbeit mit ihrer Kreativität entfalten können.

Auch in meiner Eigenschaft als geistlicher Begleiter verstehe ich mich als einer, der dient. Ich diene den Männern und Frauen, die ich im Recollectiohaus begleite. Ich höre mir an, was sie mir erzählen. Und ich überlege, wie ich das Leben, das in ihnen steckt, zum Fließen bringe. Ich suche in der Begleitung immer nach dem Schlüssel, um das Potenzial, das in jedem steckt, aufzuschließen. Ich diene dem Leben, das im anderen aufblühen möchte.

Als Priester feiere ich wesentlich – aber nicht als ausschließliche Aufgabe – Eucharistie und spende die Sakramente. Das ist eine wichtige Dimension meines Daseins als Priester, und da fühle ich mich auch ganz und gar als Priester. Ich feiere gerne die Eucharistie. Das ist nie eine Last für mich, sondern immer auch ein geistliches Tun. Ich feiere etwas, was mich selbst verwandelt. Ich höre gerne die Beichte und erlebe, wie befreiend es für die Menschen sein kann, sie anzuhören, sie nicht zu bewerten und ihnen dann in der Vollmacht Jesu die Vergebung zuzusprechen. Ich feiere gerne die Taufe von meinen Nichten und Neffen, Großnichten und Großneffen. In der Taufe feiern wir das Geheimnis des erlösten Menschen in wunderbaren Riten. Dabei versuche ich, diese Riten so zu erklären, dass alle sie verstehen und sie auch selbst mit gestalten.

Ich suche in der Begleitung immer nach dem Schlüssel, um das Potenzial, das in jedem steckt, aufzuschließen. Ich diene dem Leben, das im anderen aufblühen möchte.

Priester ist für mich auch ein archetypischer Begriff. Der Priester ist der Hüter des Heiligen. Das bedeutet für mich: Ich hüte das Heilige in mir. Das Heilige ist das, was der Welt entzogen ist, worüber die Welt keine Macht hat. Es ist der heilige Raum in mir, in dem Gott in mir wohnt und in dem ich in Berührung komme mit meinem wahren Selbst. Aber als Priester hüte ich auch das Heilige in den Menschen, denen ich begegne. Ich versuche, sie zu dem heiligen Raum zu führen, der in ihnen ist, in dem sie heil sind und ganz, ursprünglich und authentisch, rein und klar und frei von allen Erwartungen und Ansprüchen anderer. Das Heilige ist der Bereich in uns, der Gott gehört und der uns selbst gehört. Darüber hat kein Mensch zu verfügen. Gerade in unserer Welt, in der wir ständig von Erwartungen anderer bestimmt werden, in der die Gesellschaft immer totalitärer auf uns zugreift und am liebsten den gläsernen Bürger möchte, ist das Heilige der Ort, an dem die Menschen aufatmen können, an dem sie sich frei fühlen vom Zugriff anderer. Darin besteht für mich meine priesterliche Aufgabe, die Menschen in diesen heiligen Raum in sich zu führen. Dies ist immer auch ein heilsamer Raum. Für die Griechen vermag allein das Heilige zu heilen. Das griechische Wort für heilig ist »hagios«. Davon kommt der Hag und auch das Wort »behaglich«. Im heiligen Raum fühle ich mich geschützt, behaglich, geborgen, daheim. Die Menschen in diese innere Geborgenheit zu führen, ist für mich priesterliches Tun.

Das Heilige ist der Bereich in uns, der Gott gehört und der uns selbst gehört.

Natürlich begegne ich bei meinen Vorträgen immer auch den Erwartungen der Menschen, die mich am liebsten als Heiler, Meister oder Guru sehen. Das aber wäre für mich eine Versuchung. Ich nehme die Erwartungen und Projektionen der Menschen wahr.

Ich weiß ganz genau, dass ich mich mit diesen Bildern nicht identifizieren darf. Ich nehme mich dann zurück und denke an meine ganz einfachen Tätigkeiten in der Abtei, etwa wenn ich alle drei Wochen die Toiletten auf unserem Gang putze. Oder ich denke an meine eigenen Empfindlichkeiten und Schattenseiten. Dadurch entgehe ich der Gefahr, mich mit diesen Bildern innerlich aufzuladen und so mein Menschsein zu überspringen.

Manche Menschen sehnen sich nach einem Guru. Aber es hilft ihnen nicht weiter, wenn sie sich einen Guru suchen. Ich sehe meine Aufgabe als Begleiter immer darin, Menschen mit sich selbst in Berührung zu bringen, damit sie nicht in die Gefahr geraten, einem anderen nachzulaufen, von dem sie die Lösung ihrer Probleme erwarten. Das führt zu einer Fremdbestimmung und zum Risiko, dass sie sich abhängig machen. Wenn ich mich mit diesen Bildern identifiziere, werde ich blind für meine eigenen Bedürfnisse nach Macht, nach Anerkennung, nach Bewunderung und nach Nähe. Daher ist es für mich eine ständige Herausforderung, mich von diesen Bildern zu distanzieren.

Vom Reichtum der Stille

Für die Stille des Klosters bin ich dankbar. Wir leben ja eine eigene Kultur der Stille. In den Gängen wird nicht gesprochen. Der Kreuzgang, der Kapitelsaal, die Sakristei, der Speisesaal, all das sind Räume der Stille. Natürlich reden wir als Mönche immer auch miteinander. In der Verwaltung muss ich viel reden. In der Begleitung spreche ich, und auch bei Vorträgen und Kursen muss ich sprechen. Aber ich genieße die Stille des Klosters, vor allem auch die Stille meiner Klosterzelle. Je älter ich werde, desto mehr habe ich das Bedürfnis nach Stille. Früher habe ich bei den Kursen immer mit den Gästen gegessen. Heute sehne ich mich nach einem Kurs nach Stille. So ziehe ich mich auf meine Zelle zurück. Ich brauche das Atmen der Stille, damit ich wieder ganz zu mir komme.

Klöster sind gebaute Stille. So sollte es zumindest sein. Das gelingt nicht immer, aber wir haben dennoch einige Räume im Kloster, die von sich aus Stille atmen. Die Stille ist mir vorgegeben. In sie darf ich eintauchen. Die Stille, die mich umgibt, tut mir gut und bringt mich in Berührung mit der Stille in mir. Und es gibt die monastische Übung des Schweigens. Schweigen muss ich selbst. Ich setze mir Zeiten, in denen ich nicht rede.

Aber es geht nicht nur um das äußere Schweigen. Viel schwerer ist es, die Gedanken zum Schweigen zu bringen. Die Meditation ist für mich so ein Weg, die Gedanken loszulassen und mich in den inneren Raum der Stille auf dem Grund meiner Seele zurückzuziehen.

Wenn ich Vorträge halte, ziehe ich mich vorher gerne in die Stille zurück. Wesensgemäß ist das der Raum, in dem ich mir kurz überlege, wie ich ungefähr den Vortrag halte. Aber ich genieße auch die Stille unter den vielen Menschen. Wenn ich unter Menschen bin, ist es für mich wichtig, dass ich mich an diesen inneren Raum der Stille erinnere, der in mir ist. Zu diesem inneren Raum haben andere Menschen keinen Zutritt. Ich versuche, mich ihnen gegenüber zu öffnen. Aber ich weiß, dass in mir immer noch dieser stille Raum ist, zu dem auch der Gesprächspartner keinen Zutritt hat. Das gibt mir einen Schutzraum mitten unter den Menschen. Ich isoliere mich nicht von ihnen, ich versuche vielmehr, mich mit ganzem Herzen ihnen zuzuwenden und auf sie zu hören. Aber etwas in mir bleibt davon unberührt. Das gibt mir innere Freiheit mitten im Trubel.

Wenn ich nach Vorträgen wieder in die Stille des Klosters zurückkehre, tut mir die Stille gut. Ich tauche ein in die Stille. Ich bade mich in der Stille. Die Stille reinigt alle trüben Gedanken in mir. Stille kommt von »stellen, stehen bleiben«. Ich bleibe stehen und lasse die inneren Turbulenzen zur Ruhe kommen. Dann fühle ich mich innerlich frei. Alles, was mein wahres Selbst verdunkelt, löst sich in der Stille auf. Ich ahne, welch ein Reichtum einfach nur darin besteht: zu sein. Still sein heißt: ohne Absicht sein, reines Sein, ohne Druck, irgendjemandem davon erzählen zu müssen.

Die Meditation ist für mich ein Weg, die Gedanken loszulassen und mich in den inneren Raum der Stille auf dem Grund meiner Seele zurückzuziehen.

Mein Weg mit Christus

In der Kindheit war für mich Christus vor allem der menschgewordene Gott. In ihm sah ich Gott selbst, der sich mir naht. In der Kommunion kann ich eins werden mit ihm und durch ihn mit Gott. Während des Studiums und immer, wenn ich jetzt die Bibel lese und auszulegen versuche, begegne ich dem Jesus, der vor zweitausend Jahren gelebt hat. Und mich faszinieren immer mehr seine Weisheit und sein Gespür für die Menschen. Ich entdecke in ihm immer neue Facetten. Er lässt mich nicht in Ruhe. An diesem Menschen Jesus kann ich einfach nicht vorübergehen. Er ist präsent. Er steht da. Er fordert mich heraus. Ich beobachte, wie er die Menschen heilt und wie viel therapeutische Weisheit in seiner Behandlung von Menschen steckt. Ich bewundere seine Lehre, die mir einen Weg zum wahren Leben erschließt. Seine Gleichnisse auszulegen, ist für mich eine spannende Aufgabe. Ich entdecke immer neue Aspekte der Weisheit Jesu, der mich gerade in den Gleichnissen von meinen krank machenden Selbstbildern und Gottesbildern heilen möchte. Es ist also vor allem der historische Jesus, der mir in den letzten Jahren aufgegangen ist, ein Mensch mit Fleisch und Blut und auch mit Ecken und Kanten.

Trotzdem ist dieser historische Jesus, diese faszinierende Gestalt, für mich zugleich Gottes Sohn. Wenn ich Jesus als Sohn Gottes sehe, dann weiß ich noch lange nicht, was das wirklich bedeutet. Aber ich halte das Geheimnis Jesu offen. Ich weigere mich, Jesus zu nivellieren auf das, was wir ohnehin kennen, etwa auf einen religiös begabten Religionsgründer. Gottes Sohn heißt für mich: In diesem konkreten Menschen, der eine klare Geschichte hat und in der Geschichte aufgetreten ist, tritt mir Gott selbst entgegen. Wenn mir das Antlitz Gottes manchmal fern erscheint, halte ich mich an Jesus. Indem ich ihn betrachte, geht mir Gott auf, der unbegreifliche Gott, der jenseits aller Bilder ist und sich doch in diesem Menschen Jesus inkarniert hat, um uns mit einem menschlichen Herzen zu begegnen.

Trotzdem ist dieser historische Jesus, diese faszinierende Gestalt, für mich zugleich Gottes Sohn. Wenn ich Jesus als Sohn Gottes sehe, dann weiß ich noch lange nicht, was das wirklich bedeutet. Aber ich halte das Geheimnis Jesu offen.

Mein Ziel ist es, immer durchlässiger zu werden für den Geist Jesu Christi. Ich weiß, dass ich Jesus nicht kopieren kann. Aber indem ich seine Worte lese und meditiere, erahne ich etwas von seinem Geist der Barmherzigkeit, der Güte, der Klarheit und der Menschenliebe. Und für diesen Geist möchte ich immer offener werden. Ich begegne Jesus, indem ich seine Worte und seine Begegnungen mit Menschen meditiere. Aber Jesus ist auch in mir. Die Einsicht C. G. Jungs ist mir wichtig geworden, dass Jesus ein Archetyp des Selbst ist. Wenn ich also in mich hineinhorche und mein wahres Selbst erahne, dann erahne ich auf dem Grund meiner Seele auch Christus. Dann geht mir auf, was Paulus im Galaterbrief schreibt:

Nicht mehr ich lebe, sondern Christus lebt in mir.
Gal 2,20

Dieser Christus ist mein innerer Arzt, der mich mit den Selbstheilungskräften in mir in Berührung bringt. Er ist der innere Meister, der mich an die Weisheit meiner Seele erinnert. Er bringt mich in Berührung mit meinem ursprünglichen Selbst, mit dem unverfälschten Bild, das Gott sich von mir gemacht hat. In diesem Zusammenhang ist mir das Wort aus dem Johannesevangelium neu aufgegangen:

Wer in mir bleibt und in wem ich bleibe, der bringt reiche Frucht; denn getrennt von mir könnt ihr nichts vollbringen.
Joh 15,5

All diese Worte atmen ein Geheimnis, das ich letztlich nicht in Worten auszudrücken vermag. Aber zugleich führen sie mich auch an meine eigene Erfahrung. Ich spüre, dass mein Wirken nur dann Frucht trägt, wenn es aus meiner innersten Mitte heraus kommt. Wenn ich mit dem Ego etwas bewirken möchte, kann ich zwar viel arbeiten. Aber es kommt letztlich nichts dabei heraus. Es bringt keine Frucht. Nur wenn ich mit Christus in mir verbunden bin – oder in der Sprache C. G. Jungs: nur wenn ich mit meinem Selbst in Berührung bin –, wird mein Wirken Frucht bringen.

Man merkt es einem Menschen an, ob er sich selbst zelebriert oder ob er durchlässig ist für etwas Größeres. Ich weiß, dass sich mein Ego immer wieder hineinmischt in alles, was ich tue und rede. Aber der Sinn meines geistlichen Weges ist, dass ich in allem durchlässig werde für Christus. Und dann ist Christus nicht mehr etwas Fremdes, sondern mein innerster Kern. Indem ich diesen Jesus von Nazaret meditiere und seinen Worten nachlausche, komme ich in Berührung mit dem Christus in mir, mit meinem wahren Selbst, das noch nicht von meinem Ego getrübt ist, sondern durchlässig ist für den ursprünglichen Glanz, den Gott meiner Seele geschenkt hat.

Wenn ich mit dem Ego etwas bewirken möchte, kann ich zwar viel arbeiten. Aber es kommt letztlich nichts dabei heraus. Es bringt keine Frucht.

Mein Weg in Gott

Das Ziel des geistlichen Weges ist nicht Jesus Christus, sondern Gott. Jesus ist der Mittler zwischen Gott und den Menschen. Er ist der Weg zu Gott. Er ist die Wahrheit, in der Gott für mich aufleuchtet. Und in ihm erahne ich das Leben, das Gott mir schenkt. Mein Gottesbild hat sich im Laufe des Lebens gewandelt. In der Kindheit war Gott für mich auf der einen Seite der Numinose in der Atmosphäre von Heiligkeit und Unbegreiflichkeit. Auf der anderen Seite war Gott auch der, bei dem ich geborgen war, der mir Heimat geschenkt hat. In der Pubertät war Gott für mich der, der mich herausfordert, zu kämpfen und etwas zu leisten, der mich in seinen Dienst nimmt, damit ich für ihn in dieser Welt arbeite.

Später waren dann andere Bilder für mich wichtig: Gott ist die Weite, die mich frei atmen lässt. Gott ist die Wahrheit, die mich vor meine eigene Wahrheit stellt, vor der ich nicht davonlaufen kann. Es gab auch die philosophischen Bilder: Gott ist der Urgrund allen Seins, das Sein schlechthin. Und die eher apersonalen Bilder: Gott ist der Geist, der alles durchdringt, die Energie, die alles am Leben hält. Und Gott ist die Liebe, die die ganze Schöpfung durchdringt.

Gott ist in mir und außerhalb von mir. Er ist der Schöpfer, vor dem ich niederfalle, und der Vater, der mir den Rücken stärkt, die Mutter, die mir Geborgenheit schenkt. Und Gott ist hinter all diesen Bildern das Du, das mich anspricht.

Gerade in der Auseinandersetzung mit dem Buddhismus war mir immer wichtig, dass Gott zugleich auch Person ist. Natürlich ist er auf andere Weise Person als ein konkreter Mensch. Ich musste mich von allzu personalen Gottesbildern verabschieden. Ich kann Jesus als Freund bezeichnen, aber Gott selbst würde ich nicht als Freund sehen. Er ist durchaus Vater und Mutter für mich, er begegnet mir väterlich und mütterlich. Aber er ist auch der Schöpfer, der die ganze Welt geschaffen hat. Er ist es, der das Weltall durchdringt mit seinem Geist, also der Unermessliche und Unergründliche.

Ich kann Gott nur in Gegensätzen beschreiben. Gott ist in mir und außerhalb von mir. Er ist der Schöpfer, vor dem ich niederfalle, und der Vater, der mir den Rücken stärkt, die Mutter, die mir Geborgenheit schenkt. Und Gott ist hinter all diesen Bildern das Du, das mich anspricht. Wenn ich die Worte der Bibel lese, weiß ich natürlich, dass sie von Menschen niedergeschrieben sind. Aber zugleich begegne ich in den Worten der Bibel Gott. Ich lasse die Worte in mich hineinfallen:

Fürchte dich nicht, denn ich habe dich ausgelöst, ich habe dich beim Namen gerufen, du gehörst mir. Wenn du durchs Wasser schreitest, bin ich bei dir, wenn durch Ströme, dann reißen sie dich nicht fort.
Jes 43,1f

Und ich stelle mir dabei vor: Gott selbst spricht diese Worte jetzt zu mir. Dann erahne ich, dass Gott nicht nur Energie ist, sondern ein Du, das mich anspricht. Aber dieses Du spricht mich gerade aus der Unbegreiflichkeit des unendlichen Gottes an.

Ich brauche Bilder von Gott. Ich musste manche einseitigen Bilder ablegen: das Bild des Leistungsgottes oder des Gottes, der ein perfektes Leben von mir verlangt. Und ich habe menschenfreundlichere Bilder von Gott entwickelt, wie sie uns Jesus vor Augen hält. Aber bei all diesen Bildern weiß ich immer, dass Gott jenseits der Bilder ist. Die Bilder sind wie Fenster, durch ich hindurchschauen kann. Sie eröffnen mir einen Horizont, aber sie sind nicht Gott. Durch sie hindurch kann ich Gott erahnen. Ohne diese Bilder könnte ich von Gott gar nichts sagen. Aber ich weiß, dass ich von Gott nicht nur sprechen darf und muss, sondern dass ich zugleich immer wieder auch von ihm schweigen muss, um sein unbegreifliches Geheimnis zu respektieren.

Ich kenne auch die kritischen Fragen des Atheismus. Es sind nicht nur fremde Fragen, sondern Fragen, die in mir selbst auftauchen. Wenn ich bete, denke ich manchmal: Betest du nur, weil es dir guttut? Gibt es diesen Gott, zu dem du betest? Oder bildest du ihn dir ein, damit du besser mit deiner Endlichkeit zurechtkommst? Ist Gott nicht einfach Einbildung und Projektion? Ich lasse diese Fragen zu und denke sie zu Ende. Ich stelle mir vor, wie das wäre: Ja, Gott ist nur Einbildung. Alles, was die Bibel sagt, ist nur Einbildung, damit wir hier einigermaßen mit dem Leid zurechtkommen. Die Bibel suggeriert uns eine Illusion, mit der wir ganz gut leben können. Doch – wie Sigmund Freud sagt – reif ist nur der Mensch, der alle Illusionen weglässt. Wenn ich diese Gedanken zu Ende denke, dann kommt in mir ein tiefes Gefühl hoch: Nein, dann wäre alles absurd. Dann könnten wir gar nichts erkennen. Dann würden wir wirklich nur im Dunkeln tappen. Und indem ich die Alternative des Atheismus zulasse, taucht in mir Vertrauen auf, nicht im Kopf, sondern mehr in meiner intuitiven Mitte: Ich traue der Bibel, ich traue einem heiligen Augustinus, ich traue einer heiligen Teresa von Ávila, ich traue einer Edith Stein. Das ist ein tiefes inneres Vertrauen.

Manchmal hilft meinem Kopf auch eine Argumentation im Sinne von C. G. Jung: Ob Gott existiert, kann ich als Naturwissenschaftler nicht beweisen. Aber als Psychologe weiß ich um die Weisheit der Seele. Und die Weisheit der Seele weiß um Gott. Als Psychologe ist mir bewusst: Wenn ich gegen die Weisheit der Seele lebe, werde ich ruhelos, rastlos und neurotisch. So ist es psychologisch zumindest gesund, an Gott zu glauben. Natürlich weiß ich, dass man dieser Argumentation entgegensetzen kann: Die Weisheit der Seele ist nur ein Trick der Natur, damit der Mensch in dieser Illusion leben kann. Aber ich kann dann mit gutem Gewissen und im Einklang mit meinem Verstand mich für die Alternative Gottes entscheiden.

Seit meinem Theologiestudium haben mich die christlichen Mystiker interessiert: die griechischen Mystiker wie Gregor von Nyssa oder Dionysius Areopagita, aber auch die Mönchsmystik, wie sie mir bei Evagrius Ponticus aufscheint. Später kam dann die mittelalterliche Frauenmystik dazu, etwa der Beginen und der großen Zisterzienserinnen wie Mechthild von Hackeborn, Mechthild von Magdeburg und Gertrud die Große. Meister Eckhart und Johannes Tauler habe ich gerne gelesen und die Freiheit und Weite ihrer Gedanken genossen.

Die spanische Mystik einer Teresa von Ávila und eines Johannes vom Kreuz hat mich fasziniert. Immer wieder ging es mir um die Frage: Wie kann ich Gott erfahren? Wie kann ich ihn spüren? Das war auch die Frage, die die jungen Menschen mir stellten, wenn sie zu unseren Jugendkursen kamen.

So ist für mich die Grundfrage meiner Suche nach Gott: Wie lässt sich Gott erfahren? Was ist Gotteserfahrung? Dabei hilft mir der Gedanke: Oft können wir Gott nicht spüren. Aber Gott hat eine Spur in unser Herz gegraben. Diese Spur in unserem Herzen ist die Sehnsucht. Und die Sehnsucht nach Gott können wir immer spüren. In der Sehnsucht nach Gott ist schon Gott. Da lässt sich schon ein Zipfel Gottes ahnen.

Aber Gotteserfahrung ist nicht immer nur eine schöne mystische Erfahrung, die ich anstrebe durch Meditation und Stille. Oft begegnet mir Gott gerade in meinen Krisen und in meinen Schwachstellen.

Meine Schwächen – so hat einmal ein geistlicher Mensch gesagt – sind das Einfallstor Gottes. Meine Krisen brechen mein Herz auf für Gott. Gotteserfahrung ist nicht die Belohnung meines Ringens um Gebet und Meditation. Vielmehr berührt mich Gott gerade dann, wenn im Scheitern mein fest gebautes Lebensgebäude erschüttert wird, meine Vorstellungen von mir und von Gott zerbrechen, damit ich aufgebrochen werde für den unbegreiflichen Gott.

Gott hat eine Spur in unser Herz gegraben. Diese Spur in unserem Herzen ist die Sehnsucht. Und die Sehnsucht nach Gott können wir immer spüren. In der Sehnsucht nach Gott ist schon Gott.

Askese und spiritueller Weg

Mein Vater konnte das Leben genießen. Aber er war auch ein asketischer Mann. Er hat uns Disziplin beigebracht. Zu dieser Disziplin gehörte, dass wir nicht über andere schimpfen, dass wir im Sport fair sind und auch fair verlieren können. Und ein Teil der Disziplin bestand auch darin, verzichten zu können. In der Fastenzeit übten wir uns als Kinder darin, auf alle Süßigkeiten zu verzichten. Aber das war für uns durchaus nichts Negatives. Mein Vater hat uns diese Askese sportlich vermittelt. Er meinte immer: Ein Sportler kann das. So haben wir die Fastenzeit eher als Trainingszeit verstanden.

Das ist mir auch im Kloster bedeutsam geworden. Ich kenne beispielsweise den Drang, am Abend Süßigkeiten zu essen, wenn ich welche geschenkt bekommen habe. Deshalb ist es für mich auch wichtig, in der Fastenzeit bewusst keine Süßigkeiten zu essen und keinen Alkohol zu trinken. Aber Askese beschränkt sich nicht nur auf die Fastenzeit. Ich weiß, dass ich mich beim Essen beschränken muss. Das tue ich aber nicht nur aus religiösen Gründen. Ich fühle mich nicht wohl, wenn ich zu viel gegessen oder zugenommen habe. Die Askese ist also dazu da, selbst zu leben, anstatt von den Bedürfnissen gelebt zu werden. Askese ist für mich eine Einübung in die innere Freiheit.

Hildegard von Bingen hat mich auch noch ein anderes Verständnis von Disziplin gelehrt. Disziplin heißt nicht, auf die Zähne beißen und sich etwas versagen. Hildegard sagt vielmehr: Disziplin meint die Kunst, sich immer freuen zu können.

Das lateinische Wort »disciplina« kommt ja vom lateinischen »dis-capere« und meint: sein Leben selbst in die Hand nehmen und gestalten. Ich lebe selbst, statt gelebt zu werden. Und ich lebe so, dass ich mich freuen kann. Wenn ich mich gehen lasse und zu viel esse, ärgere ich mich über mich, anstatt mich zu freuen.

Der spirituelle Weg – so sagen die Mystiker – ist immer auch ein Weg der Reinigung. Bei den frühen Mönchen bestand ein großer Teil des spirituellen Weges darin, sich von negativen Emotionen und Leidenschaften zu reinigen.

Dabei ging es nicht darum, die Leidenschaften abzuschneiden, sondern richtig mit ihnen umzugehen, sodass sie uns nicht beherrschen, sondern dass wir ihre innere Kraft für unseren Weg zu Gott nutzen. Aber der Umgang mit den Gedanken und Emotionen, der Umgang mit den Leidenschaften und Dämonen war für die Mönche die Bedingung, wirklich offen zu werden für Gott. Wenn wir nicht an unserer Seele arbeiten, dann kann sie auch nicht zum Ort Gottes werden. Wir müssen uns von allen Trübungen reinigen, damit der Glanz Gottes in uns aufleuchten kann.

Am Anfang meines Klosterweges habe ich gedacht, ich könnte meinen Ärger, meine Empfindlichkeit, meine sexuellen Phantasien völlig in Griff bekommen. Doch dann bin ich unsanft auf die Nase gefallen. Im Laufe meines Lebens wurde mir dann das Gleichnis Jesu im Lukasevangelium zu einem Begleiter und Anleiter im Umgang mit mir selbst:

Wenn ein König gegen einen anderen in den Krieg zieht, setzt er sich dann nicht zuerst hin und überlegt, ob er sich mit seinen zehntausend Mann dem entgegenstellen kann, der mit zwanzigtausend gegen ihn anrückt? Kann er es nicht, dann schickt er eine Gesandtschaft, solange der andere noch weit weg ist, und bittet um Frieden.
Lk 14,31f

Zu Beginn meines Klosterlebens dachte ich eben, ich könnte mit meinen zehntausend Soldaten, mit meiner Willenskraft, mit meinem Ehrgeiz und mit meiner Disziplin alle Feinde meiner Seele – Ärger, Angst, Unsicherheit, Empfindlichkeit und Neid – besiegen. Doch dann wurde mir klar, dass ich freundlich umgehen sollte mit meinen Leidenschaften. Ich sollte sie mir zu Freunden machen. Das ist nun in den letzten Jahren mein Weg der Askese geworden: Ich schaue an, was in mir ist. Und ich versuche, mit all den Leidenschaften ins Gespräch zu kommen und zu fragen, was sie mir sagen möchten. Letztlich wollen mich meine Leidenschaften – ob das nun die Sexualität oder Wut oder Angst ist – zu Gott führen, damit ich in Gott meinen tiefsten Grund finde und nicht in der Erfüllung meiner Bedürfnisse.

Das gilt auch für die Sexualität. Ich muss sie nicht bekämpfen und unterdrücken, sondern lasse mich von ihr daran erinnern, dass das eigentliche Ziel meines Lebens die Ekstase in Gott hinein ist, das Einswerden mit Gott, in dem die tiefste Sehnsucht der Sexualität erfüllt wird.

Meine Mission

In meiner Jugend wollte ich immer Missionar werden. Das Mönchtum war eher sekundär. Heute haben sich die Akzente verschoben. Für mich ist heute mein Mönchsein das Zentrale. Trotzdem hat sich das Missionarische erhalten. Ich wollte als junger Mönch immer nach Korea. Ich wollte möglichst weit weg und eine möglichst schwierige Sprache lernen. Heute werden viele meiner Bücher ins Koreanische übersetzt. Und ich durfte schon dreimal in Korea Vorträge halten. Dabei habe ich gespürt, dass meine Arbeit auch in dieses Land vordringt. In den letzten fünf Jahren wurden einige meiner Bücher ins Chinesische übersetzt. Und ich fühle eine besondere Nähe zu den Asiaten, ob sie nun in Korea, Taiwan, Hongkong, Singapur oder Malaysia leben. Es freut mich, dass meine Bücher dort verstanden werden.

Ich spüre auch eine besondere Nähe zu den Menschen in Südamerika, die ebenfalls gerne meine Bücher lesen. Auch wenn ich in den osteuropäischen Ländern unterwegs bin wie Polen, Tschechien, Slowakei, Slowenien oder Kroatien, bin ich dankbar, dass dort meine Bücher verbreitet sind. Da entdecke ich eine versöhnende Sendung in mir. Mich hat es sehr berührt, als in Polen nach einem Vortrag eine Studentin mit einer alten Frau zu mir kam. Die Studentin übersetzte mir das Anliegen der alten Frau. Sie wollte mich einfach umarmen, auch als Zeichen der Versöhnung nach all dem, was zwischen Deutschland und Polen geschehen ist.

In Deutschland sehe ich meine missionarische Sendung darin, die christliche Botschaft so zu verkünden, dass die Menschen sich davon angesprochen fühlen und dass sie erkennen: Die christliche Botschaft ist eine menschenfreundliche, heilsame Botschaft, die hilft, hier in dieser Welt angemessen zu leben. Manchmal bekümmert es mich, dass viele spirituelle Menschen in der Esoterik oder in fernöstlichen Religionen ihr Heil suchen. Für mich liegt die Herausforderung darin, ihre Sehnsucht zu achten, aber eine christliche Antwort zu geben.

Dabei will ich nicht besserwisserisch auftreten, sondern die Anliegen der anderen Religionen ernst nehmen. Der ehrliche Dialog zwischen den Religionen ist mir sehr wichtig. Aber es geht nicht um eine Vermischung der Religionen, sondern darum, das Anliegen der anderen Religionen zu verstehen und eben eine christliche Antwort zu versuchen. Meine missionarische Sendung sehe ich darin, diese christliche Antwort so zu formulieren, dass die Menschen sich davon berührt fühlen.

Das war auch mein Anliegen in einem Buch, das ich gemeinsam mit einer buddhistischen Zenmeisterin aus Taiwan geschrieben habe. Ich wollte ihre Denkweise und ihre Erfahrung verstehen und mich in sie hineinfühlen. Ich wollte das Gemeinsame spüren, aber dann doch auch eine christliche Antwort geben auf die Fragen, die im Dialog mit ihr aufgetaucht sind.

Es ist mir ein Anliegen, weltweit Jesus Christus und seine Lehre so zu verkünden, dass die Menschen sich in allen Ländern dieser Erde angesprochen fühlen und in der Botschaft Jesu auch einen Weg für sich selbst entdecken.

Einer anderen missionarischen Sendung folge ich, wenn ich Vorträge in Firmen halte. Mir ist klar, dass ich die Menschen nur dann erreiche, wenn ich sie nicht verurteile, sondern wenn ich ihnen zugestehe, dass sie nach bestem Wissen und Gewissen handeln. Wenn ich Führungskräfte in Firmen belehren möchte, werden sie sich verschließen. Wenn ich sie jedoch achte, kann ich sie auch erreichen mit meiner Botschaft eines christlichen Menschenbildes und eines christlichen Umgangs miteinander. Es freut mich, dass ich gerade bei Menschen, die für andere Verantwortung übernommen haben, offene Ohren für die christliche Botschaft finde.

Aber ich möchte nicht missionieren, indem ich alle zu Christus bekehre. Ich möchte vielmehr die christliche Botschaft so verkünden, dass alle suchenden Menschen davon angesprochen werden. Wie weit sie dann einen christlichen Weg gehen, das ist ihre Entscheidung. Meine Sprache ist eine offene Sprache, in der sich auch die wiederfinden können, die keine klare christliche Ausrichtung haben.

So fühle ich mich gesandt, die christliche Botschaft heute so zu verkünden, dass die Menschen sie verstehen. Dabei geht es mir nicht nur um Menschen in Deutschland, sondern auf der ganzen Welt. Ich schreibe und spreche jedoch bewusst deutsch, denn das ist die Sprache, in der ich daheim bin. Nur in dieser Sprache kann ich die Botschaft Jesu für mich selbst glaubwürdig verkünden. Ich vertraue darauf, dass meine deutsche Sprache von den Übersetzern gut genug in die jeweilige Landessprache übertragen wird. Durch meine Reisen in andere Länder ist mein Horizont erweitert worden. Und ich frage mich heute, was die christliche Botschaft zur Humanisierung mitten in der globalisierten Welt beitragen kann. Ich bin davon überzeugt, dass sie da etwas zu sagen hat. Und so ist es mir ein Anliegen, weltweit Jesus Christus und seine Lehre so zu verkünden, dass die Menschen sich in allen

Ländern dieser Erde angesprochen fühlen und in der Botschaft Jesu auch einen Weg für sich selbst entdecken.

Geerdete Spiritualität

Wenn ich schreibe oder Vorträge vorbereite, halte ich mir immer konkrete Menschen vor Augen. Das sind nicht die intellektuellen Menschen, sondern einfache Menschen, die nach dem Sinn ihres Lebens suchen. Daher versuche ich, meine Botschaft in einer einfachen Sprache zu vermitteln. Und ich fühle mich mit einfachen Menschen verbunden. Ich bin dankbar, dass so viele Menschen meine Bücher annehmen und darin eine Hilfe für ihr Leben finden. Es ist mir wichtig, den christlichen Weg so zu verkünden, dass Menschen ihn nachvollziehen und selbst gehen können.

Daher scheue ich auch vor elitärem Bewusstsein zurück, das manche an den Tag legen, die von ihren außergewöhnlichen spirituellen Erfahrungen sprechen und sich damit interessant machen wollen. Mir ist ein Wort Jesu in die Knochen gefahren, weil auch ich manchmal der Versuchung erlegen bin, mich mit meinen spirituellen Erfahrungen über andere zu stellen. Jesus fordert uns auf, uns immer wieder vorzusagen:

Wir sind unnütze Sklaven, wir haben nur unsere Schuldigkeit getan.
Lk 17,10

Ich kenne Menschen, die sich mit ihrer Spiritualität interessant machen und sich über andere erheben. Jesus meint: Spiritualität besteht darin, das zu tun, was ich schuldig bin, was ich dem Augenblick schuldig bin, was ich mir selbst, dem anderen, was ich Gott schuldig bin. Ich kann es noch nüchterner ausdrücken. Spiritualität heißt: das zu tun, was gerade dran ist. Der Sinn dieser

Worte Jesu ist mir erst aufgegangen, als ich über den Taoismus gelesen haben: Tao ist das Gewöhnliche. Gerade indem ich das Gewöhnliche gut tue, zeige ich meine Spiritualität.

Wenn jedoch Spiritualität elitär wird, wird sie immer dazu missbraucht, sich über andere zu stellen. Sie befriedigt dann das eigene Ego. Manche, die von der Vernichtung des Ego sprechen, merken gar nicht, wie sie vor lauter Spiritualität ihr eigenes Ego pflegen, weil sie sich als etwas Besonderes sehen.

Für mich als Cellerar ist es wichtig, eine geerdete Spiritualität zu leben. Als Cellerar kann ich keine frommen Worte machen. Da sehen die Mitarbeiter, wie ich mit ihnen umgehe. Meine Ausstrahlung und mein konkreter Umgang mit den Mitarbeitern sind entscheidend, nicht meine spirituelle Theorie. So wird sichtbar, ob ich wirklich die anderen achte oder nur von Wertschätzung spreche. Mein Amt als Cellerar ist mir zur großen Herausforderung geworden, meine Spiritualität ganz konkret im Alltag zu leben, in der Art, wie ich mit anderen Menschen umgehe, sie anspreche, sie informiere, sie anschaue. Es geht darum, welche Wirkung ich im alltäglichen Umgang auch in ganz nüchternen Bereichen auf Menschen habe.

Immer wenn Spiritualität elitär wird, wird sie dazu missbraucht, sich über andere zu stellen. Sie befriedigt dann das eigene Ego.

Mir persönlich sind Formen der Volksfrömmigkeit durchaus vertraut, ob das nun Wallfahrten sind oder die Maiandacht oder der Blasiussegen. Ich sehe gerade in der Volksfrömmigkeit einen Weg, die Spiritualität in den Alltag der Menschen hinein zu übersetzen. Ein Mitbruder meinte, ohne Volksfrömmigkeit wäre das Christentum längst verblasst. Die reine Theologie hält das Christentum nicht lebendig, sondern das konkrete Leben, das geprägt ist von christlichen Ritualen.

Bei den Jugendkursen habe ich versucht, Ausdrucksweisen der Volksfrömmigkeit wie den Kreuzweg so zu übersetzen, dass die Jugendlichen sich selbst darin erkennen. Wir haben die Jugendlichen zum Beispiel am Karfreitagmorgen eingeladen, sich für eine Kreuzwegstation zu entscheiden, diese Station mit ihrer Gruppe zu meditieren und dann am Abend in einer Art Mysterienspiel darzustellen. Die Jugendlichen haben sich in diesen Stationen wiedergefunden und sie oft beeindruckend dargestellt. Da ist mir aufgegangen: Ihre »Volksfrömmigkeit« vollzog sich als eine Art tiefenpsychologischer Schriftauslegung. Sie hat die Passion Jesu in vierzehn archetypischen Bildern so ausgelegt, dass sie Bilder in der menschlichen Seele ansprechen.

Die reine Theologie hält das Christentum nicht lebendig, sondern das konkrete Leben, das geprägt ist von christlichen Ritualen.

Manchmal fragen mich Mitbrüder oder auch Journalisten, warum ich mir das antue, zweimal oder dreimal in der Woche 500 Kilometer und mehr zu fahren, um einen Vortrag zu halten. Die eigentliche Motivation ist für mich das Wort Jesu:

Ich habe Mitleid mit diesen Menschen.
Mk 8,2

Ich spüre ihre Not, ihr Überfordertsein in Beziehungen und in der Arbeit, ihre Orientierungslosigkeit, aber auch ihr Suchen und Leiden an sich selbst. Und in diese Not hinein möchte ich die Botschaft Jesu sprechen. Da höre ich in mir die Worte Jesu an seine Jünger:

Gebt ihr ihnen zu essen!
Mk 6,37

Ich möchte den Menschen Worte sagen, die sie nähren und stärken auf ihrem Weg, die ihnen Orientierung schenken, damit sie unterwegs nicht zusammenbrechen. (Vgl. Mk 8,3)

Tradition

Mir ist die spirituelle Tradition des Christentums und vor allem der katholischen Kirche überaus nah. Als Benediktiner stehe ich in der Tradition des Mönchtums. Im Noviziat beeindruckte mich vor allem das benediktinische Mönchtum, wie es seit seiner Restauration in Solesmes, in Beuron und Maria Laach gelebt und auch uns Mönchen in Münsterschwarzach als Vorbild hingestellt wurde. Doch nach dem Studium begannen wir jungen Mitbrüder die Quellen des frühen Mönchtums zu erforschen, vor allem die

Sprüche der Wüstenväter und Wüstenmütter, und die Schriften von Evagrius Ponticus und Cassian. Das hat uns zum Reichtum einer spirituellen Erfahrung geführt, wie sie die frühen Mönche in ihrer herben Askese gemacht haben. Da ging es vor allem um den Weg des einzelnen Mönches, um sein persönliches Ringen mit seinen Leidenschaften, um so offen zu werden für die Erfahrung Gottes.

Aus dieser Tradition heraus stelle ich mich auch den spirituellen Traditionen in anderen Religionen. In den Siebzigerjahren war ich, wie gesagt, öfter bei Graf Dürckheim. Er meinte immer, einen echten Dialog mit anderen Religionen könne nur der führen, der klare und tiefe Wurzeln in seiner eigenen Tradition habe. Im Gespräch mit den chassidischen Geschichten aus dem Judentum, mit den Zen-Geschichten buddhistischer Mönche habe ich viele Ähnlichkeiten entdeckt, ohne dass ich alles miteinander vermischt hätte. Aber die Erfahrungsebene war oft die gleiche, nur die Deutung war jeweils anders.

Bedeutsam sind mir die liturgischen Traditionen der katholischen Kirche. Ich habe in den letzten Jahren immer wieder liturgische Themen und Themen der Volksfrömmigkeit aufgegriffen wie etwa die sieben Sakramente, die Feste des Kirchenjahres mit ihrer heilenden Wirkung, das Thema der vierzehn Nothelfer oder des Kreuzwegs. Und ich habe für die Zeiten des Kirchenjahres Anleitungen geschrieben wie etwa für die Advents- und Weihnachtszeit, für die Fastenzeit, für die Osterzeit. Es hat mir viel Freude bereitet, die alten Traditionen in einer neuen Sprache zu verlebedigen und vor allem die psychologische Weisheit zu entdecken, die etwa im Kirchenjahr steckt, das C. G. Jung ja einmal ein therapeutisches System genannt hat. Denn im Laufe des Kirchenjahres werden die wichtigsten Themen der menschlichen Seele und der Selbstwerdung des Menschen dargestellt.

Im Gespräch mit den chassidischen Geschichten aus dem Judentum und mit den Zen-Geschichten buddhistischer Mönche habe ich viele Ähnlichkeiten entdeckt, ohne dass ich alles miteinander vermischt hätte. Aber die Erfahrungsebene war oft die gleiche, nur die Deutung war jeweils anders.

Ich fühle mich wohl an den Festen des Kirchenjahres. Sie sind für mich Heimat. Sie geben dem Jahr Spannung und Färbung. Ostern kann ich mir gar nicht mehr anders vorstellen als in der Abtei mit ihrer feierlichen Liturgie. Ich habe mich fünfundzwanzig Jahre lang in der Jugendarbeit engagiert. Da kamen oft in der Karwoche über zweihundertfünfzig Jugendliche aus ganz Deutschland, um mit uns die Karliturgie und Ostern zu feiern. Ich führte jeweils mit Leidenschaft und großer Liebe die Jugendlichen in diese Liturgie ein. Sie spiegelt die große Verwandlung unseres Lebens. Da werden alle Themen unserer Menschwerdung angesprochen. Ich kann diese Tage nicht einfach an mir vorübergehen lassen, ohne mich ganz und gar auf die Liturgie einzulassen.

Auch die Marienfeste mit ihrem optimistischen Menschenbild sind mir wichtig geworden. Ich singe gerne Marienlieder, auch wenn sie theologisch nicht immer klar sind. Aber sie leben aus Poesie und Zärtlichkeit. Da kommt die emotionale Seite des Glaubens zum Ausdruck. Sie vermitteln so etwas wie Heimat. Und ich denke daran, wie meine Eltern die Weihnachtslieder mit uns in der Familie gesungen haben. Da habe ich etwas von ihrer Heimat erlebt, und das hat auch mir Heimat vermittelt. Durch die Auseinandersetzung mit C. G. Jung erkannte ich, dass in vielen Marienfesten und Mariensymbolen archetypische Bilder der menschlichen Seele angesprochen werden, die uns in Berührung bringen mit unserem innersten Selbst.

Weltflucht

Als Novize habe ich mit »Weltflucht« nicht so viel anfangen können. Da schien Weltflucht eher suspekt. Das war die Zeit des Zweiten Vatikanischen Konzils, es ging vor allem um Weltgestaltung.

Aber inzwischen ist mir die Weltflucht der frühen Mönche durchaus sympathisch. Und sie hat auch mir etwas zu sagen. Damals flüchteten sie ja vor allem aus den engen Bindungen der Sippe. Und es war ein Aufbruch in eine neue Freiheit. Es ging und geht darum, sich nicht von der Welt bestimmen zu lassen – ein Aufbruch in die Individualität. Wie modern »Weltflucht« ist, hat mir ein Aufsatz des Philosophen Sloterdijk gezeigt, der von der Weltflucht der Mönche spricht und sie auch als ein Kennzeichen echter Menschwerdung versteht. Er spürt der großen Wirkung nach, die weltflüchtige Mönche in der Welt hinterlassen haben.

Weltflucht ist für mich das, was Jesus im Johannesevangelium anspricht:

Ich habe ihnen dein Wort gegeben, und die Welt hat sie gehasst, weil sie nicht von der Welt sind, wie auch ich nicht von der Welt bin.
Joh 17,14

Wir leben *in* dieser Welt. Aber wir definieren uns nicht *von* der Welt. Die Welt mit ihren Maßstäben von Erfolg und Besitz, von Anerkennung und Geltung ist nicht mehr wichtig. Paulus kann sogar sagen:

Ich will mich allein des Kreuzes Jesu Christi, unseres Herrn, rühmen, durch das mir die Welt gekreuzigt ist und ich der Welt.
Gal 6,14

Das verstehe ich nicht asketisch, sondern als Bild der Freiheit. Die Welt mit ihren Maßstäben ist durch das Kreuz Jesu durchgestrichen. Sie hat keine Macht mehr über mich. Ich wirke in der Welt, aber ich lasse mich nicht von der Welt bestimmen. Ich präge vielmehr dieser Welt den Geist Jesu ein. Als Christ habe ich immer auch eine Verantwortung für diese Welt, für die Jesus Christus gestorben ist.

Ich versuche, sensibel zu bleiben, ob mein heutiges Maß der Weltzuwendung für mich stimmig ist. Und ich höre auf meine inneren Impulse, wenn sie mich drängen, mich wieder mehr ins Kloster zurückzuziehen.

Erstaunlich war ja, dass die Mönche, die aus der Welt »geflohen« sind, eine größere Wirkung in dieser Welt hatten als viele Machthaber dieser Welt. Ich kann die Welt nur gestalten, wenn ich einen inneren Abstand zu ihr habe. Aber das gehört für mich dann auch dazu: dass ich nicht von der Welt bin, aber in ihr lebe und dass ich eine Verantwortung habe, diese Welt im Sinne Jesu zu gestalten. Das wird mir deutlich im Matthäusevangelium, wo Jesus seine Jünger hinaussendet als Licht der Welt. Sie sollen durch ihr anderes Leben und »ihre guten Taten« Licht in die Welt bringen. Bei Lukas ist das Bild des Lichts übrigens mystisch interpretiert. Unser ganzer Körper soll Licht sein:

Dann wird er so hell sein,
wie wenn die Lampe dich mit ihrem Schein beleuchtet.
Lk 11,36

Wir sollen also so vom Licht Jesu durchdrungen sein, dass wir dieses Licht ausstrahlen vor allem Tun allein durch unser Sein. Man könnte auch sagen: Die Meditation Jesu hat uns so verwandelt, dass wir sein Licht in diese Welt hinaus ausstrahlen.

Ich fahre jede Woche zu Vorträgen und bin daher in der Welt aktiv. Manche sagen, ich solle lieber im Kloster bleiben und beten. Aber ich spüre, dass mich das gute Miteinander von Welt und Kloster lebendig hält. Wenn ich nur im Kloster bleibe, besteht die Gefahr, dass ich mich gemütlich einrichte. Wenn ich nur in der Welt herumfahre, merke ich gar nicht, wie mich die Maßstäbe der Welt allmählich prägen.

In die Welt zu gehen und die Botschaft Jesu zu verkünden, hält auch mein Beten lebendig. Ich begegne in der Welt dem Leid vieler Menschen. Und dieses Leid halte ich immer wieder im Gebet Gott hin. Im Gebet fühle ich mich solidarisch mit den leidenden Menschen. Es ist immer eine Gratwanderung zwischen Welt und Kloster. Und jeder muss für sich das rechte Maß finden. Ich versuche, sensibel zu bleiben, ob mein heutiges Maß der Weltzuwendung für mich stimmig ist. Und ich höre auf meine inneren Impulse, wenn sie mich drängen, mich wieder mehr ins Kloster zurückzuziehen.

Demut, Gehorsam und Armut

Als uns der Novizenmeister das längste Kapitel der Benediktsregel, das Kapitel über die Demut mit ihren zwölf Stufen erklärte, regte sich in mir Widerstand. Die Demut schien mir zu passiv zu sein. Und sie schien mir den Menschen klein zu machen. Aber je älter ich werde, desto mehr geht mir auf, wie wichtig Demut ist. Wer den spirituellen Weg geht, braucht die Demut. Sonst wird er abheben. Sonst wird er der Versuchung erliegen, der sich schon Jesus ausgesetzt sah: die Spiritualität dazu zu benutzen, sich über andere zu stellen und Gott für sein eigenes Image zu missbrauchen. Gott dient dann nur dazu, das eigene Ego aufzublähen.

Mir hat auch die Auseinandersetzung mit C. G. Jung geholfen, Demut neu zu verstehen. Für C. G. Jung heißt Demut, seine eigenen Schattenseiten zu akzeptieren, seine Menschlichkeit mit ihren inneren Gegensätzen anzunehmen. Jung wundert sich, dass manche Theologen sich gegen die Psychologie wehren, wo doch die Psychologie nichts anderes will als erklären, was Paulus im Epheserbrief so ausdrückt:

Wenn er aber hinaufstieg, was bedeutet dies anderes, als dass er auch zur Erde herabstieg? Derselbe, der herabstieg, ist auch hinaufgestiegen bis zum höchsten Himmel.
Eph 4,9f

Das haben auch die Mönche so gesehen. Das Paradox des monastischen Weges ist: Indem ich hinabsteige in die Tiefen meiner Seele, in das Schattenreich der verdrängten Bedürfnisse und Leidenschaften, steige ich auf zum Himmel.

Das meint Benedikt in seinem Kapitel über die Demut, wenn er sich auf das Bild von der Himmelsleiter bezieht, auf der Jakob die Engel auf- und niedersteigen sah:

Jenes Herab- und Hinaufsteigen kann unserer Ansicht nach gar nicht anders verstanden werden, als dass die Erhöhung absteigen, die Erniedrigung aufsteigen lässt.

Regel Benedikts 7,7

Aufstieg zu Gott, das ist ja seit jeher das Ziel der Mystik. Das christliche Paradox ist aber, dass dieser Aufstieg gerade durch das Hinabsteigen geschieht.

Demut heißt für mich: den Mut haben, in meine eigene Menschlichkeit, in meine Schatten hinabzusteigen. Demut ist Mut zur Wahrheit. Und dieser Mut zur Wahrheit führt dazu, dass ich mit beiden Füßen auf der Erde stehe. Demut als »humilitas« heißt: Bodenkontakt haben, auf dem Boden bleiben. Und Demut führt zur inneren Gelassenheit. Ich brauche keine Fassade, um mich aufzubauen. Ich bin, wie ich bin. Die anderen dürfen auch meine Menschlichkeit mit ihren Schwächen wahrnehmen. Ich gehe nicht hausieren mit meinen Schwächen. Aber wenn sie auftauchen, belasten sie mich nicht, weil ich weiß, dass ich von der Erde genommen bin und irdisch bin.

Das Paradox des monastischen Weges ist: Indem ich hinabsteige in die Tiefen meiner Seele, in das Schattenreich der verdrängten Bedürfnisse und Leidenschaften, steige ich auf zum Himmel.

Gehorsam heißt für mich in erster Linie, Gott gegenüber gehorsam sein. Das bin ich, wenn ich auf Gottes Stimme in mir horche, wenn ich dem inneren Ruf Gottes gehorsam bin. Es braucht ein ständiges Horchen auf die inneren Impulse, in denen Gott zu mir spricht. Letztlich ist es auch ein Gehorsamsein meinem wahren Wesen gegenüber.

Aber ich weiß auch, dass ich mich verhören kann, wenn ich nur auf die innere Stimme in mir höre. Daher ist der Gehorsam der Gemeinschaft gegenüber für mich ein Korrektiv. Für mich heißt das nicht, dass der Abt den Willen Gottes für mich erkannt hat. Vielmehr, dass mich im Willen des Abtes und der Gemeinschaft auch Gottes Stimme erreichen kann. Das habe ich erfahren, als der Abt mich bat, Cellerar zu werden. Das entsprach absolut nicht meiner Erwartung. Ich hätte auch nicht unbedingt gehorchen müssen. Als ich zunächst widersprach, gewährte der Abt mir eine Bedenkzeit von zwei Wochen, in der ich über den Wunsch des Abtes und der Gemeinschaft nachdenken konnte. Und ich spürte: Wenn ich jetzt nur meinen eigenen Wünschen folge, dann verweigere ich mich der Verantwortung. Und die Verantwortung war für mich die Antwort auf den Ruf Gottes, der im Wunsch des Abtes und der Gemeinschaft an mich erging.

Aber ich habe mich durch den Gehorsam nicht verbogen. Vielmehr sind da viele Gaben in mir erst aufgebrochen. Und ich konnte vieles miteinander verbinden: das Wirtschaftliche, die Verbesserung der spirituellen Atmosphäre im Konvent und das Schreiben, Kursehalten und die Vortragstätigkeit. Der Gehorsam hat meinem Leben Fruchtbarkeit geschenkt.

Armut bedeutet für mich, dass ich an nichts festhalte. Als Cellerar muss ich mit viel Geld umgehen. Da spüre ich natürlich manchmal auch die Faszination des Geldes – nicht des Geldes, das ich besitze, sondern das ich für die Gemeinschaft verdiene.

Armut bedeutet für mich innere Freiheit dem Geld gegenüber und auch dem Erfolg gegenüber. Da ich es von daheim her gewohnt bin, einfach zu leben, ist Luxus für mich keine Versuchung. Ich brauche nicht viel für mich selbst. Das einfache Leben entspricht meiner Natur.

Meister Eckhart hat Armut mystisch verstanden. In der Auslegung der Seligpreisung Jesu »Selig sind die Armen im Geiste« spricht er von einer dreifachen Armut: Arm im Geist ist der, der nichts will, der nichts weiß und der nichts hat. Für den spirituellen Menschen heißt das, dass er auf seinem spirituellen Weg nichts erreichen will. Er benutzt Gott nicht, um etwas für sich zu haben, um die Erfüllung seiner Wünsche zu erleben oder um sich in Gott wohler oder sicherer zu fühlen.

Die zweite Form der Armut ist, dass wir nichts wissen. Der wahre Weise weiß nichts von Gottes Wirken in sich selbst. Er überlässt sich einfach Gott. Doch er weiß nicht, wie und wann und wo Gott in ihm wirkt. Er verzichtet darauf, Gottes Wirken zu erklären. Er überlässt sich dem Geheimnis seiner Gnade.

Und Armut heißt drittens, dass ich nichts habe. Nichts gehört mir, weder ein Mensch noch mein Haus noch mein Leben. Ich darf alles genießen. Aber ich weiß, dass es mir nur geliehen ist. Mein Leib ist mir geschenkt. Aber ich kann ihn nicht besitzen und durch eine gesunde Lebensweise sein Funktionieren garantieren. Ich bin mein Leib. Aber er entzieht sich mir auch. Menschen, die ich liebe, gehören mir nicht. Sie sind frei. Und nur wenn ich sie frei lasse, vermag ich sie wirklich zu lieben.

Vor allem aber gehört mir Gott nicht. Ich besitze Gott nicht, ich ergebe mich in ihn hinein, ohne etwas in Händen zu haben. So ist für Meister Eckhart die Armut im Geiste die entscheidende Haltung Gott gegenüber. Gott begegnet uns. Er wird eins mit uns. Aber wir können ihn nicht festhalten. Er ist der Unverfügbare, der sich unserem Zugriff entzieht. Nur der, der sich Gott mit offenen und leeren Händen naht, kann ihn als das große Glück erfahren. Wer Gott mit seinen Händen festklammern will, berührt ihn nicht. Er hält nur seine eigenen Bilder von Gott fest, aber Gott selbst entzieht sich ihm.

Da ich es von daheim her gewohnt bin, einfach zu leben, ist Luxus für mich keine Versuchung. Ich brauche nicht viel für mich selbst. Das einfache Leben entspricht meiner Natur.

Individualität und Gemeinschaft

Als ich 1964 Mönch wurde, verstand man den benediktinischen Weg vor allem als gemeinsamen Weg. Unsere Spiritualität drückte sich vor allem im gemeinsamen Chorgebet aus, aber auch in den gemeinsamen Übungen wie dem gemeinsamen Essen im Schweigen, den gemeinsamen Konferenzen, Singstunden und Rekreationen. Das Mich-Einlassen auf das gemeinsame Tun hat mich geprägt. Aber im Laufe meines Mönchseins wurde mir der persönliche Weg immer wichtiger. Ich spürte: Ich kann in einer Gemeinschaft nur leben, wenn ich die innere Freiheit habe, meinen eigenen Weg zu gehen. Zu diesem ganz persönlichen Weg haben mich vor allem die Schriften der frühen Mönche eingeladen. Für sie war Askese ein persönliches Ringen mit den eigenen Leidenschaften und Gedanken. Und es war ein individueller Weg, den jeder für sich selbst entdecken musste.

Die Gemeinschaft erlebte ich dann als Stütze auf meinem persönlichen Weg. Wir jungen Mitbrüder tauschten uns über unseren persönlichen Weg aus. Ich habe mich nicht isoliert, sondern ich spürte, dass ich selbst die Verantwortung für meinen Weg habe. Aber der Austausch mit anderen hat mich bestärkt, diesen persönlichen Weg weiterzugehen. Es ist meine Verantwortung, wie ich meditiere. Aber vor allem ist es mein ganz persönlicher Weg, wenn ich allein vor Gott bin und Gott begegne. Da geht es allein um meine Person, dass ich mich ehrlich diesem Gott hinhalte und spüre, was er von mir will. Das kann ich an keinen anderen delegieren.

Die Gemeinschaft ist jedoch nach wie vor ein wichtiges Feld meines spirituellen Weges. Das gilt nicht nur vom gemeinsamen Chorgebet, das mich prägt, sondern gerade auch für die Erfahrungen in der Gemeinschaft. In der Gemeinschaft entdecke ich meine eigene Wahrheit, meine Schattenseiten. Gerade in den Konflikten mit anderen erkenne ich, was an mir noch unbewusst und noch nicht von Gottes Geist durchdrungen ist. Ich erkenne meine Menschlichkeit, meine Empfindlichkeit. Die Gemeinschaft bewahrt mich davor, spirituell abzuheben. Sie hält mich am Boden. Ich kann in der Gemeinschaft nur sagen, was mit meinem Leben übereinstimmt. Große Worte kommen mir leer vor, wenn ich sie vor meinen Mitbrüdern sage. Die Gemeinschaft zwingt mich zur Ehrlichkeit und zugleich zur Bescheidenheit.

Aber vor allem ist es mein ganz persönlicher Weg, wenn ich allein vor Gott bin und Gott begegne. Da geht es allein um meine Person, dass ich mich ehrlich diesem Gott hinhalte und spüre, was er von mir will. Das kann ich an keinen anderen delegieren.

Gemeinschaft ist für mich immer beides: Erfüllung und Enttäuschung. Manchmal gibt es erfüllende Augenblicke, etwa in einer großen Liturgie, in der Osternacht oder an besonderen Festen, an denen ich mitten im Gottesdienst tief bewegt werde. Aber dann gibt es auch die Enttäuschung: nicht nur die Enttäuschung über die Durchschnittlichkeit von Mitbrüdern und der Gemeinschaft, sondern auch über die eigene Begrenztheit. Beides will mich für Gott aufbrechen. Ein bewegender Gottesdienst lässt mich Gott erfahren. Aber gerade auch die eigene Brüchigkeit und die der Gemeinschaft verweist mich darauf, dass ich weder auf mich und meine Fähigkeiten noch auf die Gemeinschaft mein Fundament bauen darf, sondern nur auf Gott. So hat es Jesus im Gleichnis vom Haus auf dem Felsen ausgedrückt. Wenn ich mein Haus auf das Mich-Wohlfühlen in der Gemeinschaft baue, ist es auf Sand gebaut. Es braucht Gott als Fundament. Sowohl die Erfüllung als auch die Enttäuschung verweisen mich immer wieder auf den eigentlichen Grund, auf den allein ich mein Lebenshaus bauen soll.

Aber gerade auch die eigene Brüchigkeit und die der Gemeinschaft verweist mich darauf, dass ich weder auf mich und meine Fähigkeiten noch auf die Gemeinschaft mein Fundament bauen darf, sondern nur auf Gott.

Bibelstellen, die mich begleiten

Es fällt mir schwer, nur eine Bibelstelle anzuführen, die etwas über mich aussagt. Es gibt so viele Lieblingsstellen, an denen ich hänge und die mir in verschiedenen Situationen meines Lebens zu treuen Begleitern geworden sind. So möchte ich mich auf zwei Lieblingsstellen beschränken, die etwas Wesentliches über mich aussagen.

Die eine Aussage bezieht sich mehr auf mein Handeln, auf mein Schreiben, meine Vortragstätigkeit, meine Arbeit in Kursen. Früher habe ich sehr viel Energie verwendet, um die Vorträge und Kurse gut vorzubereiten, damit alle zufrieden sind. Da war eine wichtige Stelle, die mich auch heute immer wieder begleitet, das Wort Jesu an den Gelähmten am Teich von Betesda:

Steh auf, nimm dein Bett und geh!
Joh 5,8; ähnlich bei Mk 2,11

Das Bett steht für meine Hemmungen, Blockaden und Unsicherheiten. Früher wollte ich durch meine Überlegungen meine Unsicherheit überwinden. Ich wollte alles perfekt machen. Heute ist dieses Wort für mich eine Einladung, meinem spontanen Gefühl zu trauen und das zu sagen, zu schreiben, im Kurs auszuprobieren, was ich gerade an Impuls in mir spüre. Und ich frage mich nicht mehr, was die Menschen denken und wie sie das alles beurteilen könnten. Früher haben meine Grübeleien mich ans Bett gefesselt. Ich wollte erst aufstehen, wenn ich meiner selbst sicher war, wenn alles perfekt vorbereitet war. Und ich wollte an mir psychologisch und spirituell arbeiten, um dann als spiritueller und reifer Mensch vor die Menschen zu treten. Doch dann hätte ich wohl bis zum Ende meines Lebens warten müssen. Dieses Wort Jesu entlastet mich von Perfektionismus, von Überlegungen, wie die anderen meine Worte finden. Es befreit mich zu dem, was ich gerade spüre. Es ist für mich zu einer Energiequelle geworden.

Als ich in den Siebzigerjahren mit der Meditation angefangen habe, war ich meiner selbst sehr unsicher, auch im Auftreten. Ich schwitzte beispielsweise bei Vorträgen, weil ich ständig überlegte, ob ich gut genug für die Zuhörer bin. Dann habe ich versucht, durch Meditation über diese Schwäche hinwegzukommen. Aber es gelang nicht. Je mehr ich mich psychologisch oder spirituell darauf fixierte, von meinem Schwitzen frei zu werden, desto schlimmer wurde es. Da half mir dieser Satz Jesu: Ich darf schwitzen, ich darf unsicher sein, ich darf blockiert sein. Aber ich traue mich trotzdem den Menschen zu. Ich stehe mit meinen Blockaden und Hemmungen und Unsicherheiten auf und trete vor die Menschen. Ich bin mein Bett – das Zeichen meiner Blockaden – nicht losgeworden. Aber ich nehme es unter den Arm, trage es mit mir. Es hemmt mich nicht mehr. Es hält mich nicht mehr fest in der Rolle des Perfektionisten, der so lange wartet, bis er seiner Sache sicher ist. Es ermutigt mich, das zu wagen, was ich als Impuls in mir spüre. So ist mir dieses Wort zu einer Quelle von Energie und Kreativität geworden.

Das andere Wort, das mir ein wichtiger Begleiter geworden ist, klingt sehr unscheinbar. Jesus sagt im Lukasevangelium nach der Auferstehung, als er in die Mitte seiner Jünger tritt:

Ich bin es selbst.
Lk 24,39

Die Exegeten übergehen diese kurze Aussage Jesu. Sie meinen, Jesus würde die Jünger nur davon überzeugen wollen, dass er der gleiche sei, der mit ihnen vor seinem Tod am Kreuz durchs Land gewandert ist. Doch die griechische Fassung dieses Wortes »Ego eimi autos« verweist auf eine andere Bedeutung. »Autos« war für die stoische Philosophie ein wichtiges Wort:

Es bedeutet das innere Heiligtum des Menschen, sein wahres Selbst, das von keiner Macht der Welt bestimmt wird, das absolute Freiheit bedeutet, wenn der Mensch damit in Berührung ist. In der Auferstehung wird das wahre Selbst Jesu sichtbar, das innere Heiligtum, das auch der Tod nicht zerstören kann.

Ich habe oft mit diesem Wort meditiert. Ich habe mir vorgestellt: Ich spreche dieses Wort »Ich bin ich selbst« morgens, wenn ich aufstehe, wenn ich in die Verwaltung gehe, wenn ich einen Vortrag halte, wenn ich schreibe, wenn ich jemanden begleite. Wenn ich dieses Wort in alles hineinspreche, was ich bin und tue, dann fallen all die Rollen weg, in die ich manchmal schlüpfe, dann lösen sich die Bilder auf, die ich von mir selbst habe. Es ist dann nicht mehr wichtig, ob mich die Zuhörer oder Kursteilnehmer als spirituellen Menschen, als Mönch, als bekannten Schriftsteller einordnen. Ich *bin* dann einfach. Alle Rollen und Bilder lösen sich auf und der wahre Kern tritt hervor.

Ich kann dieses wahre Selbst nicht beschreiben. Es ist jenseits aller Bilder. Aber das Wort Jesu führt mich dahin, dass ich frei werde von allen Vorstellungen und mit meinem wahren Selbst in Berührung komme. Das befreit mich von allem Druck, mich beweisen zu müssen. Ich bin einfach nur da. Dann bekommt dieses Wort seine Ähnlichkeit mit der Selbstoffenbarung Gottes am brennenden Dornbusch. Die Septuaginta, die griechische Fassung des Alten Testaments, hat das in der Einheitsübersetzung so klingende Wort »Ich bin der ›Ich-bin-da‹« dagegen übersetzt mit: »Ego eimi ho on«. Ich bin der Seiende. Ich kann es aber auch übersetzen: Ich bin einfach der, der ist. Ich bin einfach nur da. Ich bin das reine Sein. Dieses reine Sein, ohne Nebenabsichten, ohne irgendwelchen Druck, sich beweisen zu müssen, führt mich zur Erfahrung dessen, was Auferstehung meint. Und diese Erfahrung eröffnet mir auch das Wesen Gottes. Wenn ich einfach nur bin, dann bin ich in Gott, dann habe ich teil am Sein Gottes. Das befreit mich innerlich. Darin besteht für mich Erlösung. Lukas sieht darin das Wesen der Auferstehung. Lukas kennt die Begriffe von Sühne und Opfer nicht. Erlösung geschieht bei ihm im Aufgerichtetwerden und im Aufstehen und in der Selbstwerdung, die uns Christus durch seine Auferstehung ermöglicht.

Das Wort Jesu führt mich dahin, dass ich frei werde von allen Vorstellungen und mit meinem wahren Selbst in Berührung komme. Das befreit mich von allem Druck, mich beweisen zu müssen.

Unsere Heimat ist im Himmel

Auch der folgende Satz aus dem Philipperbrief hat mich schon immer berührt:

Unsere Heimat aber ist im Himmel.
Phil 3,20

Jahrelang bin ich mit Jugendlichen durch den Steigerwald gewandert. Jeden Tag gingen wir mindestens eine Stunde im Schweigen. Dazu gab ich ihnen verschiedene biblische Worte zur Meditation. Oft wanderten wir mit diesem Satz: »Unsere Heimat ist im Himmel.« Beim Wandern spürten wir, dass wir hier nie ganz zu

Hause sind. Im Wandern berühren wir ja die Welt, aber mit jedem Schritt gehen wir weiter, um zu bekennen, dass wir uns hier nie für immer einrichten können. Unsere wahre Heimat ist im Himmel. Novalis drückt es so aus:

Wohin denn gehen wir? – Immer nach Hause.

Vor der Begegnung mit Gott im Tod habe ich keine Angst. Ich vertraue darauf, dass Gottes Liebe stärker ist als alles, was in mir verschlossen und schuldhaft ist.

Ich lebe gerne auf dieser Erde. Ich genieße ihre Schönheit. Aber ich bin mir immer bewusst, dass mein Weg auf ein letztes Ziel hin geht, jenseits dieser Welt. Dieses Ziel nenne ich mit der christlichen Tradition »Himmel«. Natürlich weiß ich, dass der Himmel ein Bild für das ist, was mich im Tod erwartet. Ich kann es auch theologischer ausdrücken. Dann bedeutet es für mich: Ich werde im Tod in die Liebe Gottes hinein sterben. In der Liebe Gottes wird mir auch schmerzlich bewusst werden, wie sehr ich mich dieser Liebe gegenüber versperrt habe. All meine Schattenseiten, meine Schuld werden mir vor Augen geführt. Aber ich vertraue darauf, dass die Liebe Gottes alles Trübe in mir reinigt. Und dann bin ich im Himmel. Dann werde ich eins sein mit Gott und mit all den Menschen, die ich gekannt habe, mit all den Heiligen, mit denen ich gemeinsam Liturgie gefeiert habe, mit den Mitbrüdern, mit denen ich die Psalmen gesungen habe. Aber zugleich weiß ich, dass alles, was wir über den Himmel sagen können, über unser Wiedersehen mit den vertrauten Menschen, unser Einswerden mit Gott, nur Bilder sind für die Wirklichkeit, die jenseits aller Bilder ist. Trotzdem wage ich es mit der Tradition, diese Bilder zu gebrauchen und ihnen zu trauen.

Vor der Begegnung mit Gott im Tod habe ich keine Angst. Ich vertraue darauf, dass Gottes Liebe stärker ist als alles, was in mir verschlossen und schuldhaft ist. Wenn ich an den Tod denke, tauchen verschiedene Vorstellungen in mir auf. Auf der einen Seite kann ich mit Paulus sagen:

Ich sehne mich danach, aufzubrechen und bei Christus zu sein.
Phil 1,23

Auf der anderen Seite lebe ich gerne und möchte noch lange meiner Sendung treu bleiben, die christliche Botschaft immer klarer und stimmiger zu verkünden und selbst immer tiefer hineinzuwachsen in die Gestalt Jesu Christi. Angst habe ich nicht vor dem Loslassen und vor dem Hineinsterben in Gott. Aber wenn ich Mitbrüder anschaue, die Alzheimer haben oder an Demenz leiden, dann taucht in mir auch die Angst auf, ich könnte alle meine geistigen Fähigkeiten verlieren, ich könnte nicht mehr klar denken, nicht mehr schreiben, nicht mehr sprechen. Angst habe ich vor der Hilflosigkeit und vor der Demenz. Aber wenn ich daran denke, überlasse ich es zugleich Gott, was er mir am Ende meines Lebens zutraut oder zumutet. Das wird dann mein Weg in die Ewigkeit sein. Ich kann mir diesen Weg nicht selbst aussuchen. Ich vertraue nur darauf, dass Gott es gut mit mir meint. Früher hat man um einen guten Tod gebetet. Ich bete darum, dass mir der letzte Schritt gut gelingt.

Ich lese immer wieder Schriften von Augustinus oder von Teresa von Ávila, aber auch zeitgenössische Schriftsteller. Manche von ihnen sind bereits gestorben wie Henry Nouwen, Romano Guardini oder Karl Rahner. Natürlich gibt es in mir den Wunsch, dass auch meine Bücher nach meinem Tod noch gelesen werden. Aber zugleich weiß ich, wie schnelllebig unsere Zeit heute ist. Da wird es wenige Bücher geben, die noch lange Zeit nach dem Tod eines Autors gelesen werden. Aber was ich mir wünsche, ist, dass meine Lebensspur in dieser Welt sie weiter prägt.

Ich lasse bei Kursen oft einen Brief schreiben mit dem Thema: Kurz vor meinem Tod schreibe ich an Menschen, die mir wichtig sind: Was wollte ich mit meinem Leben vermitteln? Was ist die Botschaft, die ich mit meinem Leben verkünden wollte? Und welche Spur wollte ich hinterlassen in dieser Welt?

Schön wäre es, wenn Menschen nach meinem Tod von mir sagen: Er hatte ein weites Herz. Er hat die Menschen geliebt. Er ist Zeit seines Lebens auf dem Weg zu Gott geblieben und hat unermüdlich nach diesem unbegreiflichen Geheimnis Gottes gesucht. Und er hat seine Gottsuche mit den Menschen geteilt. Vielleicht greift dann der eine oder andere nach Schriften von mir, um in den Worten etwas von dieser Liebe und von meiner Gottsuche zu spüren.

Bekenntnis

Ich glaube an Gott, den Schöpfer aller Dinge.

Ich glaube, dass dieser Gott in seiner Unbegreiflichkeit Liebe ist und dass er mir als Du gegenübertritt, auch wenn mir dieses Du oft hinter dem Schleier seines unergründlichen Geheimnisses verborgen bleibt.

Ich glaube daran, dass Gott in seinem Sohn Jesus Christus zu uns hinabgestiegen ist. Das ist für mich das Einzigartige des Christentums, dass nicht wir zu Gott kommen und zu ihm aufsteigen müssen, sondern dass Gott zu uns kommt und zu uns hinabgestiegen ist, dass er einer von uns geworden ist, dass er sich inkarniert hat und uns sein göttliches Leben mitteilt.

Ich glaube daran, dass Jesus Christus Sohn Gottes ist, auch wenn ich weiß, dass diese Aussage mehr Geheimnis in sich birgt, als dass ich sie inhaltlich genau beschreiben könnte.

Ich glaube daran, dass Jesus uns einen Weg der Weisheit lehrt, den er selbst gegangen ist.

Und ich glaube daran, dass ich in der Begegnung mit Jesus Christus Heilung und Erlösung erfahre. Die Wunden meiner Lebensgeschichte werden in der Begegnung mit Jesus Christus geheilt, meine inneren Lebensmuster verlieren ihre Macht. Ich kann vor Jesus Christus meine Schuld loslassen, weil ich mich bedingungslos angenommen weiß. Und ich erkenne in der Begegnung mit Jesus, wie der Weg der Selbstwerdung gelingt.

Ich glaube an den Heiligen Geist, den Gott mir in Jesus Christus gesandt hat, der in mir wirkt.

Der Heilige Geist ist die Quelle, aus der ich schöpfe, ohne erschöpft zu werden. Sie ist eine Quelle von Liebe, die nie versiegt.

Der Heilige Geist ist aber auch die Kraft – »dynamis« und »energeia« –, die mich antreibt, in seinem Dienst unermüdlich tätig zu sein. Der Heilige Geist ist die Quelle von Kreativität, die mein Denken befruchtet und es vor Erstarrung bewahrt.

Und ich glaube daran, dass dieser Heilige Geist auch in der Kirche wirkt, trotz aller Brüchigkeit und Falschheit, die sein Wirken in ihr verdunkeln. Aber weil der Heilige Geist in der Kirche wirkt, glaube ich auch an das Geschenk der Kirche, in der ich gemeinsam mit andern Eucharistie feiere, Psalmen singe, meinen Glauben teile und das Getragensein von der Gemeinschaft der Heiligen erfahre.

Ich glaube an das ewige Leben, das uns erwartet, an die Erfüllung unserer Sehnsucht, die uns Jesus versprochen hat.

Und ich glaube an die Verwandlung in das einmalige Bild, das Gott sich von mir gemacht hat, eine Verwandlung, die schon hier geschieht, die aber erst im Tod vollendet wird, damit dann nicht nur die Herrlichkeit Gottes erstrahlt, sondern auch das ursprüngliche und unverfälschte Bild, das Gott sich von mir gebildet hat, in seinem Glanz aufleuchtet.

Und ich glaube daran, dass nicht nur ich verwandelt werde, sondern alle Menschen, auch die, die sich verirrt haben.

Ich glaube an das Gericht, das uns Menschen trotz aller Schuldhaftigkeit ausrichtet auf Gott, sodass wir in Gott auch eins werden mit allen Menschen.

Die Suche geht weiter …
Ausblicke

Lieber Anselm!

Vor über fünfzig Jahren war ich Dein Lehrer für Latein und Geographie. In der freien Zeit spielten wir fast jeden Tag miteinander Fußball. Du warst ein guter Fußballer und hast Dich immer gefreut, wenn Du mich überspielen konntest.

Seit dieser gemeinsamen Zeit führte uns das Leben auf verschiedene Wege. Mit der Öffentlichkeitsarbeit in der katholischen Jugend an deren Zentrale in Düsseldorf und mit der Öffentlichkeitsarbeit bei Missio München begannen meine Aktivitäten außerhalb des Klosters, während Du später verantwortlich in der Verwaltungsarbeit im Kloster engagiert warst.

Dieses Buch zeigt, dass wir an verschiedenen Standorten stehen. 80 Prozent der Menschen in meinen Kursen sind aus der Kirche ausgetreten. Ich versuche ihnen ihre Lebensjahre zu deuten, vor allem auch die Zeit nach dem Tod. Wo gehen wir hin, wenn wir sterben: Himmel? Hölle? Fegfeuer?

Unser menschliches Bewusstsein gibt uns keine gültige Antwort auf diese Fragen. Es ist nicht leicht zu akzeptieren, dass wir zurückkehren in die Zeitlosigkeit, die uns diese menschliche Form für ein paar Jahrzehnte gegeben hat.

Wir beide sprechen suchende Menschen an. Wir helfen ihnen, die wenigen Jahrzehnte zu deuten, die sie auf diesem Staubkorn »Erde« am Rande des Weltalls verbringen.

Ich bin gespannt auf die Reaktionen der Leserinnen und Leser auf unser Buch.

Willigis

Lieber Willigis!

Als ich Deinen Text gelesen habe, musste ich immer zurückdenken an die Zeit vor fünfundfünfzig Jahren, als Du uns jungen Zöglingen – wie wir damals hießen – Religionsunterricht gegeben hast. Ich kann mich noch gut erinnern, wie Du uns in die Adventszeit eingeführt hast, in die Sehnsucht nach dem Geheimnis des Kommens Gottes in unser Leben. Manchmal habe ich mich beim Lesen Deiner Gedanken gefragt, ob der Willigis von heute noch etwas von dem Willigis in sich hat, als der er mir damals begegnet ist. Aber dann habe ich ihn doch immer wieder in Deinen Gedanken gefunden: den Willigis, der uns mit Leidenschaft das Geheimnis Gottes erklären wollte, der berührt war von dem, was er uns erzählt hat.

Was Du über den reinen Augenblick schreibst und über das mystische Erleben, in dem alles eins ist, kann ich gut nachvollziehen. Und auch was Du über die Liebe schreibst, kann ich nur unterstreichen. Für mich ist das Hohelied der Liebe, das uns Paulus im ersten Korintherbrief (Kapitel 13) singt, ja kein moralisches Lied, dass wir einander lieben sollen. Es ist vielmehr ein Lied über das Geheimnis der Liebe als einer Macht, als einer Kraft, die die ganze Welt durchdringt und die auf dem Grund unserer Seele in uns strömt. Von dieser Liebe sagt ja auch Johannes:

Gott ist Liebe. Und wer in der Liebe bleibt,
der bleibt in Gott und Gott in ihm.

1 Joh 4,16

Unsere personale Liebe verweist uns auf diese göttliche Quelle der Liebe in unserem Innern und auf die Liebe, die die ganze

Schöpfung durchdringt, wie es Teilhard de Chardin mit seinem Begriff der Amorisation ausgedrückt hat.

Widerstand regt sich in mir, wenn Du über das Ich schreibst und dass es für Dich Gott als Person nicht gibt. Du hast recht, dass wir unser Ego überwinden sollen. Dazu hat uns Jesus ja auch aufgerufen:

Wer mein Jünger sein will, der verleugne sich selbst,
nehme sein Kreuz auf sich und folge mir nach.
Mk 8,34

Ich versuche, dieses Wort von der Psychologie C. G. Jungs her zu erklären: Unser Ego sollen wir loslassen und überwinden, um zu unserem wahren Selbst zu gelangen. Das Selbst ist der innere Personkern. Und dort sind wir eins mit dem Grund des Seins, eins mit Gott und in der Tiefe unserer Seele auch eins mit allen Menschen. Diese Faszination der Einheit, die ich in Deinen Texten spüre, teile ich mit Dir. Trotzdem ist für mich der Mensch als Person einmalig. Das kann man nur in Bildern ausdrücken. Romano Guardini sagt: Gott spricht in jedem Menschen ein einmaliges Wort aus, das nur durch ihn in dieser Welt erklingen kann. Dann kann ich – ähnlich wie Du es tust – sagen: In mir erklingt ein Wort Gottes in dieser Welt. Aber für mich ist das ewige Leben keine Verewigung des Ichs, sondern ein Einswerden der einmaligen Person mit Gott, mit dem Grund allen Seins.

Wie wir das genau verstehen sollen, bleibt immer ein Geheimnis. Und da spüre ich manchmal in Deinen Formulierungen ein Auflösen des Geheimnisses. Manchmal klingen Deine Worte so: Gott ist nichts als ... Jesus ist nichts als ... Bei solchen Formulierungen wehrt sich etwas in mir. Für mich ist die Dogmatik nicht ein Festlegen Gottes auf bestimmte Begriffe, sondern ein Offenhalten des Geheimnisses. Und dieses Geheimnis ist mir heilig. Das möchte ich in allen meinen Formulierungen wahren.

Das gilt eben auch für das Geheimnis Gottes. Wenn Du sagst, da gibt es keinen Gott als Person, dann legst Du Gott auf ein klar umrissenes Bild fest, das Du dann ablehnst. Dass Du diesen festgelegten Gott ablehnst, kann ich gut verstehen. Da bin ich auch einig mit Dir. Aber ich möchte nicht auf das Wort Gott verzichten. Es hält für mich das Geheimnis offen. Für die Griechen war Gott ja »theos«, das, was ich schaue. Die Griechen wussten natürlich, dass wir Gott nicht schauen können. Aber das, was wir in allem und hinter allem sehen, darin erscheint uns Gott, darin sehen wir eine Spur der Urschönheit, die nach Plotin das Wesen Gottes beschreibt. Die Juden beachteten das Verbot, Gott darzustellen, sich ein Bild von ihm zu machen. Das fordert auch uns heute noch heraus. Wir dürfen Gott nicht auf ein Bild festlegen. Die Germanen haben Gott als den erfahren, zu dem sie in ihrer Not schreien. Sie vertrauten darauf, dass ihr Schrei nicht im leeren All verhallte, sondern gehört wurde. Gott ist für mich das absolute Geheimnis. Ich kann Gott auch in apersonalen Begriffen beschreiben wie das reine Sein, wie die Liebe, die alles durchdringt. Da kann ich Deine Formulierungen gut verstehen und akzeptieren. Aber für mich existiert hinter all dem Unfassbaren, Unbegreiflichen, Unendlichen, Unermesslichen, Unaussagbaren doch ein Du, das mich anspricht, das mich anschaut, das mich liebt, das mich aber auch herausfordert zu meiner eigenen Wahrheit.

Wir sprechen beide unterschiedlich von Gott. Aber wir möchten beide das Gleiche erreichen: nicht zu klein von Gott zu denken, ihn nicht festlegen auf Bilder, die manchmal nur unsere eigenen Projektionen sind. Sicher verfallen wir beide dann doch manchmal der Gefahr, zu genau wissen zu wollen, wer Gott ist. Das erlebe ich bei Dir, wenn Du schreibst: Gott ist nichts als der Seinsgrund. Ja, und was ist dann der Seinsgrund? Auch hier gilt: Wir können uns nur in Bildern dem Geheimnis Gottes nahen. Und da sind wir beide sicher auf dem gleichen Weg. Wir werden auch einmal wie Thomas von Aquin bekennen: Es ist alles nur Stroh, was wir schreiben. Das Geheimnis Gottes ist so ganz und gar anders – »totaliter aliter«, wie die Lateiner sagen.

Auch unser Weg, Jesus Christus zu verstehen, kennt gemeinsame Wegstrecken. Und dann trennen sich unsere Wege wieder. Mir hat die Begegnung mit dem Buddhismus und mit der Zen-Tradition geholfen, manche Aussagen Jesu besser zu verstehen. In diesem Sinn hast Du ja das Wort Jesu schön ausgelegt: »Bevor Abraham ward, bin ich.« Jesus hat auch manchmal Koan-Worte gesagt. Eine moralisierende Bibelauslegung hat diesen Koan-Charakter in den Worten Jesu übersehen. Und Jesus ist für Matthäus ja auch der, der die Weisheit von Ost und West, von Nord und Süd in sich vereint. Darauf weist uns der Zug der Magier aus dem Osten hin, die Jesus anbeten wollen. Aber ich lege Jesus nicht auf einen bloßen Religionsstifter wie all die anderen fest. Er bleibt für mich Gottes Sohn, auch wenn ich weiß, dass diese Aussage noch lange nicht ausdrückt, wer Jesus wirklich ist. Aber diese Aussage lässt das Geheimnis und den Anspruch offen, den Jesus für mich darstellt.

Lieber Willigis, wir sind manche Wege gemeinsam gegangen und manche Wege geht jeder von uns allein. Aber ich achte immer Deinen Weg, den Du mit so großer Konsequenz und Klarheit und auch mit der Haltung, die Benedikt von uns Mönchen fordert, mit großer Demut gegangen bist. Du bist immer Mensch geblieben. Und Du konntest auch immer Deine eigenen Formulierungen in Frage stellen und relativieren. Wenn wir beide einmal durch die Pforte des Todes treten – jeder für sich allein –, werden wir unsere so verschiedenen Worte und Begründungen als Schall und Rauch erkennen. Da geht es dann gar nicht darum, wer recht hat. Dann geht es nur noch darum, das Geheimnis hinter all unseren Worten zu erfahren. Wir werden unsere Worte loslassen und uns in das unaussprechliche Geheimnis der göttlichen Liebe fallen lassen. Dort auf dem Grund wird das sein, von dem Du immer schreibst: Dort wird alles eins sein, dort werden alle Gegensätze zusammenfallen – coincidentia oppositorum – und dort werden uns die Augen aufgehen, das zu schauen, was noch kein Auge geschaut hat (vgl. 1 Kor 2,9). Und vielleicht werden wir dann gemeinsam lachen über das, was wir geschrieben haben. Denn es war nur ein Versuch, das Unaussprechliche für uns und für Menschen, die wir begleiteten, in verständliche Worte zu fassen.

Anselm

Wenn Sie weiterlesen wollen ...

Willigis Jäger

Jenseits von Gott
Wege der Mystik, Holzkirchen 2012
Mit freundlicher Genehmigung wurden Texte daraus in den vorliegenden Band übernommen.

Ewige Weisheit. Das Geheimnis hinter allen spirituellen Wegen
Kösel, München 2010

Über die Liebe
Kösel, München 2009

Anselm Grün

Erlösung. Ihre Bedeutung in unserem Leben
Kreuz, Stuttgart 2004 (vergriffen)

Jesus als Therapeut. Die heilende Kraft der Gleichnisse
Vier Türme, Münsterschwarzach 2011

Spiritualität. Damit mein Leben geling
Vier Türme, Münsterschwarzach 2007

Autoren und Herausgeber

Willigis Jäger wurde 1925 geboren. Als Mönch der Benediktinerabtei Münsterschwarzach studierte er Philosophie und Theologie, 1952 wurde er zum Priester geweiht. 1960 bis 1964 war er in der Zentralstelle des BDKJ in Düsseldorf als einer der Referatsleiter zuständig. 1964 bis 1975 war er leitend für die Aktion »Missio« tätig und erreichte unter anderem, dass die Erlöse der Sternsingeraktion für die Missionswerke zur Verfügung gestellt werden.

1972 begann Willigis Jäger eine intensive Übung des Zazen und erhielt 1980 die Erlaubnis, Zen zu lehren.

Aufgrund von Auseinandersetzungen mit der römischen Glaubenskongregation ab dem Jahr 2000 erfolgte im gegenseitigen Einvernehmen eine Beurlaubung aus der Klostergemeinschaft, deren Mitglied Willigis Jäger aber weiterhin ist.

Ab dem Jahr 2003 entstand das Zen- und Kontemplationszentrum »Benediktushof« in Holzkirchen bei Würzburg – seitdem der Wohnort und die Wirkungsstätte von Willigis Jäger.

Willigis Jäger verkörpert eine konfessionsunabhängige Spiritualität, die den spirituell Suchenden des 21. Jahrhunderts Antworten auf ihre drängenden Fragen gibt. Als Zen- und Kontemplationsmeister ist er sowohl von der christlich-abendländischen Mystik als auch dem östlichen Zen geformt und geht gleichzeitig über die Konfessionen hinaus auf das zu, was allen spirituellen Wegen des Westens und des Ostens zugrunde liegt.

Willigis Jäger zählt zu den bekanntesten spirituellen Lehrern der Gegenwart und ist Autor einer großen Anzahl von Büchern.

Anselm Grün wurde 1945 geboren und trat mit 19 Jahren in die Benediktinerabtei Münsterschwarzach ein. Nach seinem Studium der Philosophie, Theologie und Betriebswirtschaft war er von 1977 bis 2013 Cellerar (der wirtschaftliche Leiter) der Abtei Münsterschwarzach und damit für rund 300 Mitarbeiter in über 20 Betrieben verantwortlich.

Im Kloster lernte er die Kunst der Menschenführung aus der Regel Benedikts von Nursia kennen und entdeckte bereits in den 70er Jahren die Tradition der alten Mönchsväter wieder. Deren Aktualisierung und die Verheutigung der biblischen Botschaft im Kontakt mit der modernen Psychologie ist Grundanliegen von Anselm Grün.

In zahlreichen Kursen und Vorträgen, die jährlich weit über 10.000 Menschen besuchen, geht er auf die Nöte und Fragen der Menschen ein, so ist er vielen Menschen zum spirituellen Berater und geistlichen Begleiter geworden.

Anselm Grün ist einer der meistgelesenen christlichen Autoren im deutschen Sprachraum und spricht mit seinen Büchern, die in über 35 Sprachen übersetzt sind, Menschen weltweit an.

Winfried Nonhoff wurde 1951 geboren. Nach seinem Studium der Germanistik und Theologie in Tübingen wechselte er nach München. Er war als Redakteur einer religionspädagogischen Zeitschrift und dann als Lektor und Programmleiter für Religion und Religionspädagogik tätig. Als Verleger leitete er bis 2010 die Verlage Kösel und Diederichs. Seitdem engagiert er sich als Berater, Referent und Autor.